王楚然 著

从看客到创客
掌握短视频定位、拍摄、剪辑及运营技巧

人民邮电出版社

北京

图书在版编目（CIP）数据

从看客到创客：掌握短视频定位、拍摄、剪辑及运营技巧 / 王楚然 著. -- 北京：人民邮电出版社，2023.4
　ISBN 978-7-115-60165-0

Ⅰ. ①从… Ⅱ. ①王… Ⅲ. ①网络营销 Ⅳ. ①F713.365.2

中国版本图书馆CIP数据核字(2022)第189223号

内 容 提 要

本书由浅入深、循序渐进地讲解了账号定位、选题策划、文案撰写、短视频拍摄、短视频剪辑、短视频上传、账号运营、投放DOU+、开通橱窗带货、直播流程与技巧、短视频变现方式等知识点，全面系统地分享了短视频的定位、拍摄、剪辑及运营技巧。这些内容都是短视频创作新手需要重点学习的。虽然书中介绍的方法不一定适用于所有人，但只要了解并掌握相关的原理和技巧，相信大家都可以找到适合自己的创作及运营方式，打造出优质的短视频内容账号，成功实现由流量向变现的多元转化。

本书适合短视频领域的创业者、短视频内容生产者，以及想要通过短视频带货的新媒体从业者和商家阅读，也可以作为大中专院校传媒等相关专业的参考教材。

◆ 著　　王楚然
　责任编辑　张　贞
　责任印制　陈　犇

◆ 人民邮电出版社出版发行　北京市丰台区成寿寺路11号
　邮编　100164　电子邮件　315@ptpress.com.cn
　网址　https://www.ptpress.com.cn
　北京尚唐印刷包装有限公司印刷

◆ 开本：700×1000　1/16
　印张：13.5　　　　　　　　　　　　2023年4月第1版
　字数：287千字　　　　　　　　　　2023年4月北京第1次印刷

定价：79.00元

读者服务热线：(010)81055296　印装质量热线：(010)81055316
反盗版热线：(010)81055315
广告经营许可证：京东市监广登字 20170147 号

前言

不过短短几年时间，几大短视频平台的平均日活跃用户数合计已经突破8亿，这意味着在我国，观看短视频的人极多。

人流就是所谓的财流，有些人很早就明白这个道理，因此，他们从看客积极变身为创客，利用短视频的巨大流量，为自己也为社会创造了财富。

虽然时至今日，想在短视频领域创业的人已经不再享有这样的先发优势，但不可否认的是，你如果仍然置身事外，认为短视频与自己没什么关系，那么很有可能再过一两年就会落后于时代。

笔者于2021年以知识付费博主的身份入局抖音，至今实现了两个账号拥有近30万粉丝，并且通过知识付费、运营咨询实现变现数十万元。虽然这样的成绩不算特别亮眼，但笔者自认为对平台的运行规则与运营技巧的研究还算透彻，本书正是笔者经验的总结。

本书的章节结构依据短视频创作顺序安排。第1章讲解了短视频创作者在账号方面应该做的准备，比如取名、写简介、设置背景图，等等。创建短视频的第一步是找选题，因此本书第2章讲解了找到好选题的若干方法。短视频创作不是随手拍，必须要有明确的主题，第3章便讲解了写作视频文案的各种技巧与实战方法。确定选题、撰写文案后，接下来的操作是拍摄视频、剪辑视频、上传视频这三个步骤，与此相关的理论与实操技巧本书全部归纳在了第4章~第6章中。如果希望在短视频平台持续获得流量，不仅作品质量要过硬，还要使用适当的运营方法，因此，在接下来的第7章和第8章中讲述了视频及账号的运营技巧，并且进一步引出第9章~第11章对带货、直播及变现方法的讲解。

短视频新手需要注意的是，短视频领域变化极快，许多书中讲解的技巧与规则过一段时间也许就不再适用或不再好用。因此一定要做好终身学习的准备，持续认真学习新的短视频知识，这样才不会掉队。

为了补充本书内容，本书附赠价值398元的剪映视频课程、《24类2400个优质对标账号》电子书，获得方法为关注"好机友摄影"公众号，在公众号界面回复本书第51页左下角五位数字。

笔　者
2023年2月

目录

第 1 章 找准定位，从看客变身创客 11

1.1 为什么在短视频时代不能当看客要当创客 12
- 更个性化的信息分发新方式 12
- 更高效的信息传递方式 12
- 信息传递主流阵地的兴衰 13
- 理解人流与财富的关系 13

1.2 从看客变身创客的第一步——账号定位 14
- 商业定位 14
- 垂直定位 15
- 用户定位 15

1.3 对标账号分析及查找方法 15

1.4 利用巨量算数分析定位 16
- 巨量算数是什么 16
- 利用大数据找到内容创作精准方向 17

1.5 从看客变身创客的第二步——创建账号 18
- 为账号取名的 6 个要点 18
- 为账号设置头像的 4 个要点 20
- 编写简介的 4 个要点 21
- 简介应该包含的三大内容 23
- 背景图的四大作用 23

1.6 理解视频精准推送的核心——账号标签 25
- 内容标签 25
- 账号标签 25
- 兴趣标签 25
- 手动为账号打标签 26
- 查看账号标签 26

第 2 章 找对选题，从不温不火到一夜爆火 28

2.1 从看客变身创客的第三步——找到好选题 29
- 认识找到好选题的重要性 29
- 找选题的 4 个常用方法 29

2.2 使用"创作灵感"批量寻找选题 31

2.3 用抖音热点宝寻找选题 31
- 什么是抖音热点宝 31
- 利用上升热点榜跟热点 33
- 利用同城热点榜推广线下门店 33
- 利用热点广场查找热点 34
- 只显示细分领域热点 34

2.4 利用巨量算数寻找选题 35
- 以数据为导向"蹭"热点 35
- "蹭"热点的误区 36

2.5 通过第三方渠道寻找选题 37
- 今日头条热点榜 37
- 百度搜索风云榜 37
- 微博热搜榜 38
- 搜狗热搜榜 38
- 即时热榜 38

第 3 章 写好文案，从感动自己到感动大家 39

3.1 从看客变身创客的第四步——写好短视频文案 40

3.2 认识短视频文案的作用 40
- 用文案调动大众情绪 40
- 用文案使信息传递得更充分 41

用文案升华短视频的主题	41
用文案营造短视频的意境	42
用文案使短视频更易传播	42

3.3 获取优秀视频文案的两种方法 42
在手机端获取文案 43
在电脑端获取文案 44

3.4 别踩入同质化文案的坑 45

3.5 短视频文案的写作思路 45
短视频标题的写作思路 45
短视频讲解文案的写作思路 46

3.6 利用反常规撰写标题 46

3.7 利用汇总式标题或文案吸引观众 47

3.8 利用问题挑战观众 48

3.9 调整用词使标题更有画面感 49

3.10 利用共鸣式标题打动用户 49

3.11 利用数据增强文案的说服力 50

3.12 利用利害相关原则撰写文案 51

3.13 15个短视频标题模板 51

3.14 可以提高视频完播率的指令性文案 53

第4章 学会拍摄，从搬运视频到原创视频 55

4.1 从看客变身创客的第五步——拍出好视频 56

4.2 用手机录制视频的基础设置 56
安卓手机视频录制参数设置方法 56
苹果手机分辨率与帧数设置方法 57

4.3 用手机录制视频的基本操作方法 57

4.4 使用专业模式录制视频 58
进入专业模式 58
解决画面闪烁问题 58

4.5 根据平台选择视频画幅 59

4.6 用手机拍出前实后虚的电影效果视频 59
以更近的距离进行拍摄 59
让被摄对象远离背景 60
使用长焦进行拍摄 60
使用专业App拍摄 60

4.7 使用手机录制视频的配件及技巧 61
保持画面稳定的配件及技巧 61
保持画面亮度正常的配件及技巧 62
使用外接麦克风提高音质 62

4.8 设置相机录制视频时的曝光模式 63

4.9 理解相机快门速度与视频录制的关系 63
根据帧频确定快门速度 63
快门速度对视频效果的影响 63
拍摄视频时对应帧频推荐的快门速度 64

4.10 用佳能相机录制视频的简易流程 65

4.11 用佳能相机录制视频时视频格式、画质的设置方法 65
设置视频格式与画质 66

4.12 用佳能相机录制视频时自动对焦模式的开启方式 66

4.13 用佳能相机录制视频时的对焦模式详解 67
选择对焦模式 67
3种自动对焦方式 68

4.14 用佳能相机录制视频时的录音参数及监听方式 ... 69
录音/录音电平 ... 69
风声抑制/衰减器 ... 70
监听视频声音 ... 70

4.15 用索尼相机录制视频的简易流程 ... 70

4.16 用索尼相机录制视频时视频格式、画质的设置方法 ... 71
设置文件格式（视频） ... 71
设置"记录设置" ... 72

4.17 用索尼相机录制人物视频时对焦模式的设置方法 ... 72

4.18 用索尼相机录制视频时的录音设置 ... 73
开启录音 ... 73
减少风声噪声 ... 73

4.19 拍摄视频的两种操作方法及其优缺点 ... 74
使用手机原生拍摄功能或数码相机拍摄 ... 74
使用有道具功能的 App 拍摄 ... 74

第 5 章 掌握后期，让视频节奏如行云流水般流畅 ... 75

5.1 从看客变身创客的第六步——剪出好视频 ... 76

5.2 玩转剪映从认识界面开始 ... 76
查看后期效果——预览区 ... 76
后期操作的"集中地"——时间线区域 ... 76
多样功能这里找——工具栏 ... 77

5.3 界面大变样的剪映专业版 ... 78

5.4 精确定位时间点的时间轴 ... 80
用时间轴精确定位精彩瞬间 ... 80
让时间轴快速进行大范围跳转 ... 80
以帧为单位进行精确定位 ... 80

5.5 视频剪辑其实就是编辑各种轨道上的素材 ... 81
调整素材的顺序 ... 81
调节视频素材的时长 ... 82
调整效果轨道上素材的覆盖范围 ... 82
让一段视频包含多种效果 ... 83

5.6 导入素材 ... 83
导入素材的基本方法 ... 83
导入素材即完成视频制作的方法 ... 84

5.7 设置适合画面内容的画面比例 ... 85

5.8 添加背景让黑边消失 ... 85

5.9 让视频素材充满整个画面的方法 ... 86

5.10 剪辑让多段素材的衔接更流畅 ... 87

5.11 为视频润色营造画面氛围 ... 87

5.12 添加背景音乐或音效 ... 88

5.13 导出做好的视频 ... 89

第 6 章 上传视频，从半成品到热门作品 ... 90

6.1 从看客变身创客的第七步——在抖音上发布视频 ... 91
在手机上发布视频——选择并编辑视频 ... 91
在手机上发布视频——填写并设置相关选项 ... 91
在电脑上发布视频 ... 93

6.2 在抖音上发布图文内容 ... 94
什么是抖音图文 ... 94
抖音图文的创作要点 ... 94

6.3 用音乐助力短视频 ... 95
音乐对于短视频的重要性 ... 95

短视频音乐的类型	95
用这4招让背景音乐匹配视频	96

6.4 用抖音话题提高曝光率 97

什么是话题	97
为什么要添加话题	97
如何添加话题	98
话题选择技巧	98
话题创建技巧	99

6.5 制作视频封面的4个关键点 99

充分认识封面的作用	99
抖音视频封面的尺寸	99
封面的动静类型	100
封面的文字标题	100
如何制作个性封面	100

第7章 精研运营，从破500到10万+ 101

7.1 视频互动率是什么 102

7.2 4个技巧提高短视频完播率 102

认识短视频完播率	102
宁短勿长	103
因果倒置	103
标题写满	104
视效新颖	104

7.3 7个技巧提高视频评论率 104

用观点引发讨论	104
利用"神评论"引发讨论	105
在评论区开玩笑	105
卖个破绽诱发讨论	105
在视频里引导评论分享	106
在评论区发"暗号"	106
在评论区刷屏	106

7.4 4个技巧提高视频转发率 107

让内容激发情绪	107
让内容有正能量	107
让内容有实用价值	107
让内容更容易被认可	108

7.5 用合集功能提升播放量 108

手动创建合集	108
自动创建合集	109

7.6 用配角让视频更吸引人 109

7.7 利用抖音搜索流量提升播放量 110

认识抖音流量类型	110
如何查看搜索流量	110
如何获得更多搜索流量	111
查找能增加搜索流量的关键词	111
如何堆砌关键词	112

7.8 学会视频分析方法，创作思路更明确 112

认识分析数据的重要性	112
在电脑端分析视频数据的方法	113
了解账号的昨日数据	113
从账号诊断报告中找问题	113
分析播放数据	114
分析互动数据	114

7.9 利用作品数据分析单一视频 115

近期作品总结	116
对作品进行排序	116
查看单一作品数据	117

7.10 通过"粉丝画像"更有针对性地制作内容 118

"地域分布"数据	118
"性别分布"与"年龄分布"数据	119

7.11 通过手机管理后台分析视频数据 119

找到手机端的视频数据	119
查看视频概况	119
找到与同类热门视频的差距	120

7.12 通过"视频数据分析"准确找到问题所在 121

通过"观看分析"找到问题内容	121
通过"视频数据分析"找到内容的闪光点	121

第 8 章　投放DOU+，从付费流量到自然流量　122

8.1　DOU+的概念与投放方法　123
什么是DOU+　123
从视频观看界面投放DOU+　123
从创作中心投放DOU+　123

8.2　如何选择投放DOU+的视频　124
选择哪一个视频　124
选择什么时间发布的视频　124
选择投放几次　124
选择什么时间投放　124

8.3　单视频投放和批量投放　125
单视频投放DOU+　125
批量投放DOU+　125
两种投放方式的异同　125

8.4　深入了解"投放目标"选项　126
"投放目标"选项简介　126

8.5　"投放目标"选项与视频内容的关系及作用　127
常规的"投放目标"选项　127
"挂车"短视频与"商品购买"　127
POI与"门店加热"　128
逐渐边缘化的"位置点击"　128
带有小程序的短视频与"小程序互动"　128

8.6　"投放时长"选项设置思路　128
了解最低投放金额　128
设置投放时长的思路　129

8.7　如何确定潜在兴趣用户　129
系统智能推荐　129
自定义定向推荐　130

8.8　深入理解"达人相似粉丝推荐"　132
利用"达人相似粉丝推荐"为新账号打标签　132
利用"达人相似粉丝推荐"查找头部账号　132

利用"达人相似粉丝推荐"精准推送视频　132

8.9　利用"账号速推"涨粉　133
"账号速推"的开启方法　133
"单个粉丝出价"的设置　133

8.10　"小店随心推"广告投放　134
DOU+小店的优化目标　134
达人相似粉丝推荐　135
推广效果　135

8.11　用DOU+推广直播间　135
用"DOU+上热门"推广直播间　135
用"小店随心推"推广直播间　136

8.12　DOU+投放管理　137

8.13　如何终止DOU+投放　138
要立即终止投放的情况　138
终止投放后如何退款　139
单视频投放的终止方法　139
批量投放的终止方法　139

第 9 章　开通橱窗，从买货到卖货　140

9.1　理解抖音电商与传统电商的本质区别　141
需求区别　141
流量区别　141
用户决策区别　141
比价区别　142

9.2　在抖音销售商品的两种方式　143
销售自有商品　143
分销他人商品　143

9.3　创建能开通"商品橱窗"的账号　144
带货功能的开通条件　144
带货功能的开通方法　144
交纳带货保证金　145

开通收款账户		146
验证开通是否成功的方法		146
佣金提现		147

9.4　了解精选联盟平台　147

9.5　在橱窗中上架精选联盟商品　148

9.6　在精选联盟选品必看的指标　149

- 粉丝契合度指标　149
- 商家体验分指标　150
- 安心购认证　150
- 广告投放资质　150
- 其他指标　151

9.7　通过精选联盟榜单找爆品　151

9.8　如何查找、学习优秀带货视频　152

9.9　抖店的特点与开通方法　152

- 什么是抖店　152
- 抖店的开通方法　153
- 管理抖店　154
- 装修抖店　154

9.10　精选联盟商品入选标准　155

- 商家条件　155
- 商品标准　155

9.11　将商品加入精选联盟的操作方法　156

9.12　在视频上挂载商品的方法　157

- 手机端操作方法　157
- 电脑端操作方法　158
- "挂车"（包含购物车链接）视频发布频次限制　159

第10章　持续直播，从小透明到大主播　160

10.1　直播间的硬件准备　161

- 使用手机直播　161
- 使用电脑直播　161
- 3种常见的收声设备　162
- 3种常见的灯光设备　162

10.2　使用手机直播的操作方法　163

10.3　使用直播伴侣直播的方法　164

10.4　了解直播间的六大流量来源　170

- 短视频引流至直播间　170
- 直播推荐流量　171
- 直播广场流量　172
- 同城流量　172
- 官方活动流量　173
- 个人账号流量和关注页流量　173

10.5　开始一场直播前的准备工作　173

- 确定直播的4个基本信息　173
- 熟悉直播活动的六大环节　174
- 单品脚本中应包含的4部分内容　177
- 整场脚本的基本结构　178
- 直播效果调试　178

10.6　3种观众不会拒绝的抽奖玩法　179

- 红包抽奖玩法　179
- 福袋抽奖玩法　180
- 截图+问答抽奖玩法　181

10.7　大幅增加停留时长的技巧——憋单　182

- 认识何为憋单　182
- 5步憋单法　183
- 四大憋单必学语言表达　184

10.8　用组品玩转直播带货　185

- 组品的构成　185
- 引流品不能成为直播带货的主角　185
- 承流品才是直播带货的重中之重　186
- 通过利润满足小部分客户的需求　186
- 在直播中灵活调整组品　186

10.9 需要重点关注的四大直播数据 187
平均在线人数 187
人均观看时长 188
转粉率 188
互动数据 188

10.10 判断直播数据好坏的标准 189
平均在线人数的评判标准 189
人均观看时长的评判标准 189
转粉率的评判标准 189
评论率和订单转化率的评判标准 189

10.11 在创作服务平台查看直播数据 189
查看数据的方法 190
创作服务平台的直播数据 190

10.12 在抖音电商罗盘中查看数据 191

10.13 分析抖音电商罗盘中的直播数据 192
认识流量漏斗 192
从流量漏斗看真正的流量 192
流量漏斗的第一层：曝光-进入转化率 193
流量漏斗的第二层：进入-曝光（商品）转化率 194
流量漏斗的第三层：曝光（商品）-点击转化率 196
流量漏斗的第四层：点击-生单转化率 196
流量漏斗的第五层：生单-成交转化率 197

第11章 流量变现，从单一到多元 199

11.1 短视频常见的10种变现方式 200
流量变现 200
电商带货变现 200
抖店变现 200
全民任务变现 200
直播变现 200
巨量星图任务变现 200
参与游戏发行人计划变现 200
小程序推广变现 201
参与拍车赚钱计划变现 201
"团购达人"变现 201

11.2 探店号变现 201
探店号变现的方式 201
同城流量支持 201
探店号的内容创作思路 202

11.3 开通"团购达人"赚取佣金 203
认识"团购达人" 203
开通"团购达人"的方法 204
发布团购视频的方法 204

11.4 通过"巨量星图"变现 205
"巨量星图"是什么 205
入驻门槛 205
入驻方法 205
开通任务领取权限的方法 206

11.5 加入"中视频伙伴计划"变现 209
理解短视频、中视频和长视频的区别 209
加入"中视频伙伴计划"的操作方法 210

11.6 加入"游戏发行人计划"变现 211
"游戏发行人计划"入口 211
筛选感兴趣的游戏 211
发布"游戏发行人计划"视频的方法 212
查看参加游戏发行人计划的收益 212

11.7 加入"拍车赚钱计划"变现 213
什么是"拍车赚钱计划" 213
0粉账号能参与"拍车赚钱计划"吗 213
参与"拍车赚钱计划"的收益如何 213
"拍车赚钱计划"的参与方法 214

11.8 通过"全民任务"变现 215
"全民任务"是什么 215
"全民任务"的接取方法 215

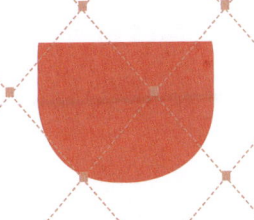

第 1 章

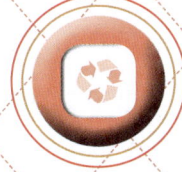

找准定位，
从看客变身创客

1.1 为什么在短视频时代不能当看客要当创客

为什么在短视频时代，我们不能当看客，而必须尝试成为一名创客？

为什么短视频是每一位想创业或寻找副业来打造职场B计划的人不能错过的机会？

下面笔者通过4个方面回答这两个问题。

■ 更个性化的信息分发新方式

无论通过报纸、杂志，还是电视，或者早期的新浪、搜狐、网易等门户网站，观众获得的信息都经过了筛选，所有观众最终看到的内容都依从于编辑。信息呈现的方式是千人一面，即所有观众看到的都是经过编辑层层审验的信息内容，无疑在这个阶段人工编辑在媒体的新闻信息传递中起了非常大的作用，主导了信息的主体内容。

但是随着抖音、头条等App崛起，个性化推荐信息流越来越受到观众的青睐，在这种机制下计算机算法会根据每一个观众观看内容的纪录以及同类用户观看的内容纪录，推测出每个用户的兴趣爱好，再通过算法向用户推荐其可能感兴趣的信息内容。这种个性化信息分发方式，实现了千人千面，使每一个用户都能够通过媒体看到自己喜欢的内容，也因此成为当前每一个主流在线媒体的信息分发方式。

■ 更高效的信息传递方式

从易于接受的角度来看，文字所传递的信息一般不如视频丰富、高效，而社会发展的规律和信息传递的趋势，一定是从低效到高效转变的。

效率主要体现在两个方面，一是生产，二是接收。

首先说生产，目前制作短视频的门槛非常低，大部分智能手机都已支持1080p高清视频录制，手机端的App的剪辑、特效等功能也已经足够强大，仅用一部手机就可以制作出足够吸引人的内容。

对于文字内容的创作来说，要求是很高的，这是因为很多人无法用流畅易懂且生动的文字表达清楚自己想要说的事情，而用视频就简单很多。

所以，网上有很多视频制作达人，一天可以制作出几十条甚至上百条视频，而视频媒体平台上的头部MCN机构（网红经纪公司，从能力和资源上帮助网络媒体内容生产者的中介公司），甚至每天可以创作出上千条视频，这些人也获得了视频发展的第一波红利。

再来说接收，人们可以在比较短的时间之内看上百条视频，但是不可能在同样短的时间内阅读如此多的文章，这种数量上的区别与二者的天然属性有很大关系。

首先，人类的基因决定当人们以观看的形式获取信息时，无法忍受视觉上的长时间停滞，所以从天然属性上而言，动感十足的视频比其他信息表达方式更加容易为人所接受，从而获得更多的关注。

其次，从感官刺激方面，悠扬悦耳的背景音乐或花样百出的视频转场效果，会比文字更能刺激人的感官。

当然，我们不能否认许多文章是很有深度的，而且无法使用视频的形式进行表达。

另外，如果要系统学习知识，读书仍然是最好的选择之一。只是在短视频时代，对于现代的人来说，如果能够在5秒内获取一条有用的信息，就不会愿意花10分钟看一篇长文章，这已经形成大众接收信息的一种习惯。而且，视频观看通常可以利于人们对碎片化时间的有效利用。

因此，当人们接收信息的方式发生改变时，创作者也必须因势而变。

信息传递主流阵地的兴衰

在2018年左右，大众获得信息的主流渠道之一是微信公众号，彼时涌现出一大批擅长写长文章的创作者，他们因此获得到了很可观的报酬。

而随着短视频平台崛起，短视频逐渐成为信息传递的主流方式。

以笔者运营的摄影类公众号为例，目前粉丝量近20万，但文章平均阅读量只有2000左右，这意味着公众号文章的打开率只有1%左右。这种情况并非仅发生在笔者运营的公众号上，根据笔者观察，大部分公众号的打开率都下降得非常明显。

与此相反，以抖音为代表的短视频平台的日活跃用户数却在逐年递增，并在2022年5月，达到了创纪录的8亿。

"此消彼长"这个词在以微信公众号为代表的文字类信息平台与以抖音为代表的短视频信息平台的拉锯战里得到了充分诠释。微信的核心人物张小龙也在不同场合承认，忽视短视频是一个非常大的战略性错误，微信因此推出了视频号。

在2022年，微信视频号修改了推送逻辑，加入了与抖音同样的机器算法推荐。

由此不难看出，短视频已经成为最主流的信息传递方式之一。

理解人流与财富的关系

古往今来，财富都是以人为中心被创造出来的。所以，线下开店要去人流如织的商业中心，线上投放广告要选择观众量大的媒体，即便是发传单也需要到人流量大的十字路口。因此，掌握了人流的动向，就破解了财富的密码。

在短视频时代，人流最密集的地方之一就是各大短视频平台，创作者只有在这样的平台上，才能"一发视频天下知"，获得以往电视等媒体才具有的影响力。

因此，商家对"网红"及知名博主有极大的兴趣。一个有大量粉丝的视频博主，能凭借视频流量一天销出上千件商品，并获得大量收益。

1.2 从看客变身创客的第一步——账号定位

俗话说"谋定而后动"。短视频是一个需要持续投入时间与精力的创业领域，为了避免长期的投入成为沉没成本，每一个短视频创业者都必须在前期做好账号定位。

■ 商业定位

与线下创业的原则一样，每一种生意的兴起都始于创业者对消费者的洞察，更通俗一点的说法就是要明白"自己的生意是赚哪类消费者的钱"。创业者在考虑商业定位时，可以从以下3个角度进行分析。

寻找自己擅长的内容领域

比如，健身教练擅长讲解与健身、减肥、调节亚健康状态有关的内容，那么其主要目标群体就是久坐的职场人士。

账号的商业定位就可以是销售与上述内容相关的课程及代餐、营养类商品；账号主要内容可以是讲解自己的健身理念、心得、经验、遇到的误区，解读相关食品的配方，分享自己学员的变化，展示自己的健身器械等。

如果创业者创业技能不突出，但自身气质出众、才艺有特色，也可以从这方面出发，定位为做才艺类主播，以直播打赏作为主要的收入来源。

如果短视频创业者技能与才艺都不突出，则需要找到自己热爱的领域，以边干边学的方式来运营账号。例如，许多宝妈以"小白"身份进入家居好物分享、书单带货等领域，取得了相当不错的成绩，但前提是他们找准了自己要持续发力的领域。

所以，这种定位方法适合想要打造个人IP的个人创业者。

从市场空白出发

比如，创业者通过分析发现，当前家庭收纳是一个竞争并不激烈的领域，也就是人们常说的蓝海。此时，创业者可以通过招人、自播等多种形式，以边干边学的方式来运营这一领域的账号。这种方式比较适合有一定资金，需要通过团队合作来运营账号的创业者。

从自身产品出发

对于已经有实体工厂或作坊的创业者来说，可以利用短视频账号做线上营销。由于变现的主体与商业模式非常清晰，因此，账号的定位就是为线下"引流"，或通过短视频平台找到更多的分销达人，增加自己产品的销量。

● **垂直定位**

需要注意的是，即使你在多个领域都比较专业，也不要尝试在一个账号中发布不同领域的内容。

从用户角度来看，当你想去迎合所有用户，利用不同领域的内容来吸引更多的用户时，可能会发现所有用户对此账号的黏性都不强。用户更倾向于分别关注多个垂直账号来获得多个领域的内容，因为用户总有一种"术业有专攻"的观念。从平台角度来看，如果一个账号的内容比较杂乱，则会影响内容推送精准度，进而导致账号获取的流量受限。

所以，账号内容垂直比分散更好。

● **用户定位**

无论你是短视频平台上的哪一类创作者，都应该对以下几个问题的答案了然于心：用户是谁？在哪个行业？消费需求是什么？谁是产品使用者？谁是产品购买者？用户的性别、年龄、地域分布是怎样的？

这些问题的答案其实就是目标用户画像。因为即便是同一领域的账号，当目标用户不同时，最基础的视频风格也会截然不同。所以，明确用户定位，是确定内容呈现方式的重要前提。

比如一个以美发为运营内容的抖音号，如果目标用户是年轻女性，那么视频封面就要选择目标用户更愿意看到的，如美发后的效果，如图1-1所示。

↑ 图1-1

1.3 对标账号分析及查找方法

运营短视频账号像一场开卷考试，对于新手来说，最好的学习方法就是借鉴，最好的老师就是已做出成果的同行。因此一定要学会寻找与自己同一赛道的对标账号，通过分析学习经过验证的创作手法与思路。

更重要的是我们可以通过分析这些账号的变现方式与规模来预判自己的收益，并根据对这些账号的分析来不断微调自己账号的定位。

以抖音为例，查找对标账号的方法如下。

❶ 在抖音顶部搜索栏中输入要创建的视频主题词，例如"电焊"。

❷ 点击"视频"右侧的筛选按钮▽。

❸ 选择"最多点赞""一周内""不限"3个选项，以筛选出近期热门视频，如图1-2所示。

❹ 除观看视频外，还应点击头像进入账号主页，进一步了解对标账号信息。

在搜索结果页面，也可以点击"用户""直播""话题"等选项，以更多方式找到对标账号，从而进行分析与学习，如图1-3所示。

还可以在抖音搜索"创作灵感"，点击进入热度高的创作灵感主题，然后点击"相关用户"，找到大量对标账号。

↑ 图1-2

↑ 图1-3

1.4 利用巨量算数分析定位

■ 巨量算数是什么

巨量算数是字节跳动下属平台巨量引擎旗下的内容消费趋势洞察数据平台，能够基于今日头条、抖音、西瓜视频等平台的内容和数据，提供算数指数、算数榜单等数据分析工具。

所以，巨量算数不仅可以向创作者提供用户内容消费分析数据，还可以提供内容创作指导数据。

创作者除了可以在电脑端上使用巨量算数的各项功能，也可以关注巨量算数的抖音号，或点击其主页的"官方网站"在手机端使用相关功能，如图1-4～图1-6所示。

巨量算数手机端的功能与电脑端是一样的，因此下面讲解的内容虽然基于电脑端，但也完全适用于手机端。

↑ 图1-4

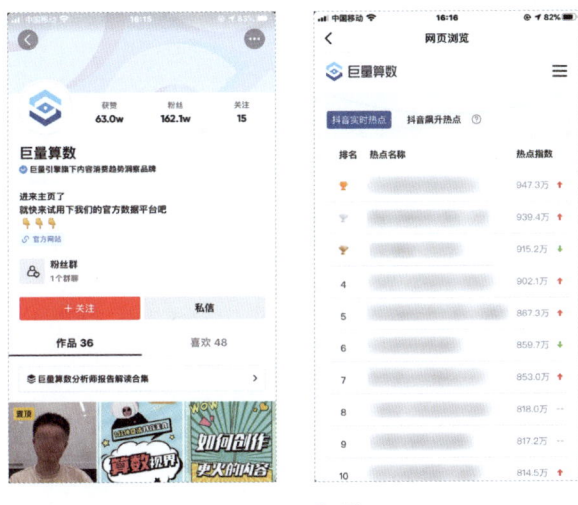

↑ 图1-5　　　　　　↑ 图1-6

● 利用大数据找到内容创作精准方向

对于有能力创作多领域内容的创作者来说，一个比较大的困扰是，当下应该选择哪一个领域进行创作。

例如，如果创作者是一个摄影爱好者，其创作内容可能与佳能、尼康、索尼等不同厂商的器材有关，那么创作者每次创作时都会面临一个问题：应该选择哪个厂商的器材进行创作？

这样的问题可以利用巨量算数得到答案。

方法是，将"佳能""尼康""索尼"添加为关键词，并单击"抖音指数"，如图1-7所示。

在页面中可以看到不同关键词的综合指数，这一指数是基于抖音热词指数模型，通过相关内容量和用户观看、搜索等行为数据加权求和得出的，可以大致理解为热度。

分析图1-7可以看出，关键词"索尼"有上升趋势，整体热度高于"尼康"与"佳能"不相上下。

又如，一个美食创作者拿不准最近应该推出讲解哪道菜的视频时，也不妨用这个方法查看一下相关数据，将3道菜的菜名添加为关键词，如图1-8所示。

从图1-8可以清楚看到，酸菜鱼的同比与环比与数据都更好，因此创作方向也就确定了。

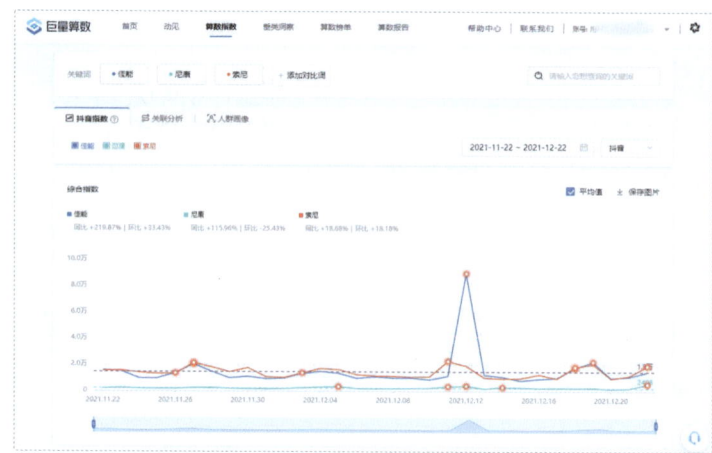

↑ 图1-7

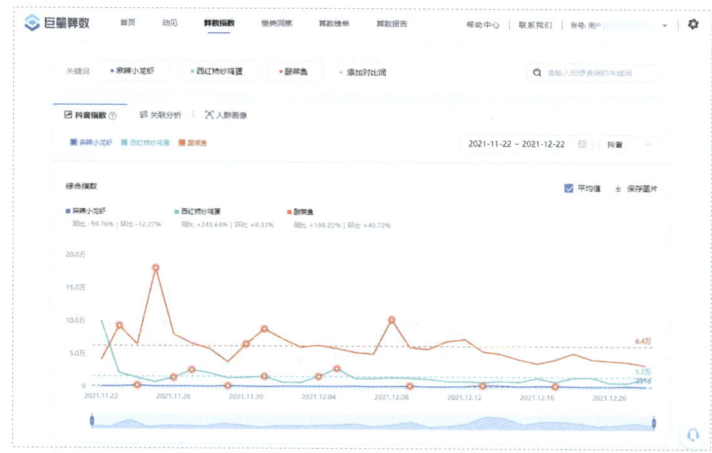

↑ 图1-8

1.5　从看客变身创客的第二步——创建账号

确定账号定位后就需要创建账号。比起早期的随意运营，现在由于短视频领域竞争激烈，创作者在创建账号之初就需要在各个方面进行精心设计。下面是关于创建账号的要点。

● 为账号取名的6个要点

字数不要太多

简短的名字可以让观众一眼就知道你的账号叫什么，让观众哪怕是无意中看到你的视频，也可以留下一个模糊的印象。当你的视频第二次被看到时，你的账号被记住的概率将大大增加。

另外，简短的名字比复杂的名字更容易记忆，因此建议将账号名字控制在8个字左右。比如在抖音上随便搜索一下与音乐人相关的账号，会发现除了少数音乐人会因为将自己的代表作品写在账号中，导致账号名过长以外，大多数账号名都控制在8个字左右，如图1-9所示。

不要用生僻字

如果账号名中有观众不认识的字，将对于账号的宣传推广非常不利，所以取名时使用常用字更有利于账号运营时的宣传。

在此特别强调一下账号名中带有英文的情况。如果账号的主要受众是年轻人，在名字中加入英文可能会让账号更受欢迎；而如果主要受众是中老年人，则建议不要加入英文，因为大部分人对于自己不熟悉的领域都会有排斥心理，因此当看到不认识的英文时，很可能不会关注该账号。

体现账号所属垂直领域

如果账号主要发布某一个垂直领域的视频，那么名字最好能够体现这一点。

比如"××新闻"，一看名字就知道是分享新闻视频的账号；"××美术班"一看名字就知道是分享美术相关视频的账号，如图1-10所示。

这样做的优点在于，当观众需要搜索特定类型的短视频账号时，你的账号被发现的概率将大大提高；同时，这样做相当于你通过名字给账号打上一个标签，精准定位目标受众。

使用品牌名称

创作者如果在创建账号之前就已经拥有自己的品牌，那么直接使用品牌名称即可。这样不但可以对品牌进行一定的宣传，在今后进行线上和线下联动运营时也更方便，如图1-11所示。

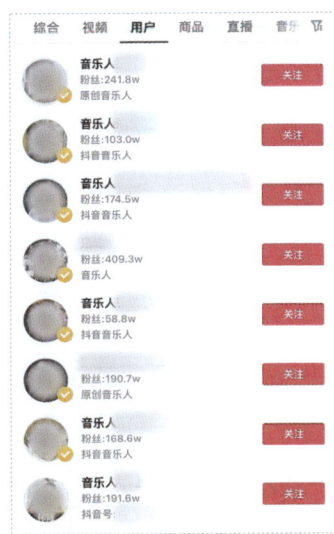

↑ 图1-9

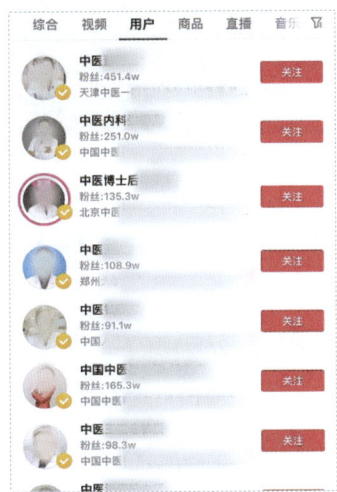

↑ 图1-10

↑ 图1-11

使用与微博、微信相同的名字

使用与微博、微信相同的名字可以让周围的人快速找到你的账号,并有效利用在其他平台上积攒的流量,将其作为在新平台起步的资本。

让名字更具亲和力

一个好名字一定是具有亲和力的。亲和的名称可以让观众更想了解创作者,更希望与之进行互动。而一个很有个性却冷冰冰的名字,则会让观众产生疏远感,观众即便很快记住了这个名字,也可能会因为心理的隔阂而不愿意关注该账号或者与创作者互动。

所以无论是在抖音还是快手平台上,都会看到很多具有亲和力的名字,比如"韩国媳妇大璐璐""韩饭饭""会说话的刘二豆"等,如图1-12～图1-14所示。

↑ 图1-12

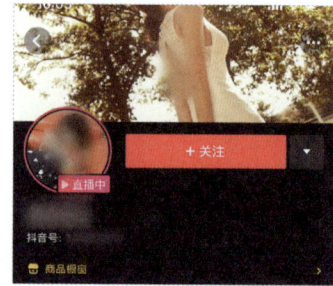
↑ 图1-13

↑ 图1-14

■ 为账号设置头像的4个要点

头像要与视频内容相符

一个主打搞笑视频的账号,其头像也自然要显得诙谐幽默,如账号"贝贝兔来搞笑"的头像,如图1-15所示。一个主打海鲜美食的视频账号,其头像最好也与海鲜挂上钩,如图1-16所示。

而一个主打萌宠视频的账号,其头像最好是宠物照片,如账号"金毛～路虎"的头像,如图1-17所示。

如果说账号名是招牌,那么头像就是橱窗,创作者需要通过头像来直观地展现视频内容。

↑ 图1-15

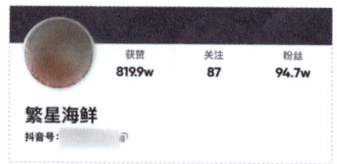
↑ 图1-16

↑ 图1-17

头像要尽量简洁

头像是一张图片，而所有具有宣传性质的图片，共同特点就是简洁。只有简洁的头像才能让观众一目了然，并迅速对视频账号有基本印象。

如果是文字类的头像，则尽量不要超过3个字，否则很容易显得杂乱。

另外，为了让头像更明显、更突出，创作者应尽量使用对比色进行搭配，例如黄色与蓝色、青色与紫色、黑色与白色等，如图1-18所示。

头像应与视频风格相吻合

即便是属于同一个垂直领域，不同账号的视频风格也会有很大区别。而为了让视频风格更突出，头像就应该有所体现。

比如同样是科普类账号的"笑笑科普"与"昕知科技"，前者的科普内容更偏向于生活中的冷门小知识，而后者则更偏向于对高新技术的科普。两者风格的不同，而"笑笑科普"的头像则更有趣，如图1-19所示。

使用品牌Logo作为头像

如果是某一品牌的短视频账号，与使用品牌名称作为名字类似，使用品牌Logo作为头像既可以起到宣传作用，又可以通过品牌积累的资源让账号更快速地发展，如图1-20所示。

↑ 图 1-18

↑ 图 1-19

↑ 图 1-20

■ 编写简介的4个要点

个性化的名字和头像可以快速吸引观众的注意力，但无法让观众对账号内容进行进一步了解。而简介就是让观众在看到名字和头像后继续了解账号的关键。绝大多数的关注行为通常是在看完简介后出现的。下面介绍编写简介的4个要点。

语言简洁

观众决定是否关注一个账号所用的时间大多在5秒以内，在这么短的时间内，几乎不可能去阅读大量的介绍性文字。因此，编写简介的第一个要点就是语言简洁，并且要通过简洁的文字，向观众输出尽可能多的信息。比如图1-21所示的健身类头部账号"健身BOSS老胡"，通过短短3行不到40个字，就清楚介绍了自己的身份、账号内容和联系方式。

每句话要有明确的目的

由于简介的语言必须简洁，所以创作者要让每一句话都有明确的意义，防止观众在看到不知所云的简介后转而去看其他的视频。

这里举一个反例，比如一个抖音号简介的第一句话是"元气少女能量满满"。这句话看似介绍了自己，但仔细想想，观众并不能通过这句话认识你，也不知道你能提供什么内容，所以这句话相当于毫无意义。

而优秀的简介应该是每一句话都在向观众传达必要的信息。

比如图1-22所示的抖音号"随手做美食"，其简介共有4行字：第一行指出商品购买方式；第二行表明账号定位和内容；第三行给出联系方式；第四行宣传星图账号，有利于做广告。这样的简介言简意赅、目的明确，能让观众在很短的时间内获得大量的信息。

↑ 图 1-21

↑ 图 1-22

简介排版要美观

简介作为在主页中占比较大的区域，如果是一大片密密麻麻地直接显示在界面上，势必会影响整体观感。建议创作者在每句话写完之后，换行写下一句；并且尽量让每一句话的长度基本相同，从而让简介看起来更整齐。

如果在文字内容上确实无法做到整齐且统一，可以像图1-23所示那样，加一些有趣的符号，让简介看起来更加活泼、可爱。

↑ 图 1-23

可以适当表明独特观点或体现个性

目前各个领域都已经存在大量的短视频内容，而要想突出自己的账号，就要实现差异化，简介也不例外。除了按部就班、一板一眼地介绍自己、账号定位与内容，适当表明独特观点或体现个性的文字同样可以在简介中出现。

比如图1-24所示的"馋人老田"的简介中，将"识食物者为俊杰"放在简介里就颇为有趣。

↑ 图 1-24

■ 简介应该包含的三大内容

所谓简介，就是简单介绍自己的文字。那么在言简意赅的前提下，该介绍哪些内容呢？以下内容是笔者建议通过简介来体现的。

我是谁？

作为创作者，在简介中介绍"我是谁"，可以增强观众对内容的认同感。

比如图1-25所示的抖音号"徒手健身干货-豪哥"的简介中，就有一句"2017中国街头极限健身争霸赛冠军"。这句话既让观众更了解创作者，也表明了其专业性，让观众更愿意关注该账号。

↑ 图1-25

能提供什么价值？

观众之所以会关注某个短视频账号，是因为其可以提供某种价值，如搞笑账号能够让观众开心，科普账号能够让观众增长知识，美食类账号可以教观众做菜等。所以，简介要通过一句话表明账号能够提供给观众什么价值。

这里依旧以"徒手健身干货-豪哥"抖音号的简介为例，其第一句话就是在表明其价值。那么希望在这些方面有所提高的观众，大概率会关注该账号。

账号定位是什么？

所谓"账号定位"，其实就是告诉观众账号主要发布哪方面的内容，从而使观众不用翻看之前的视频，就能在短时间内被打动并关注账号。

比如图1-26所示的抖音号"谷子美食"，其简介中的"每天更新一道家常菜 总有一道适合您"就向观众表明了账号内容属于美食类，定位是家常菜，更新频率是"每天"，从而让想学习做一些不太难且美味的菜品的观众更愿意关注该账号。

↑ 图1-26

■ 背景图的四大作用

引导关注

引导关注是最常见的背景图作用之一。因为背景图位于主页的最上方，相对比较容易被观众看到，再加上图片可以带给观众更强的视觉冲击力，所以背景图往往会被用来通过引导的方式直接提高粉丝转化率，如图1-27所示。

但对于还没有形成影响力与号召力的新手来说，不建议采用这种背景图。

展现个人专业性

如果是在某个领域进行专业内容输出，进而通过带货进行变现，那么背景图可以用来展现自己的专业性，从而提高内容的可信度。

比如图1-28所示的健身抖音号，就是通过背景图展现创作者的身材，从而证明创作者在健身领域的专业性，进而提高粉丝转化率。

充分表现偶像气质

气质较好的创作者可以将自己的照片作为背景图，充分表现自己的偶像气质。这样做不仅能够让主页更个性化，还能吸引观众。

比如图1-29所示的剧情类抖音号，就是将视频中的男女主角合影作为背景图，通过其良好形象来增强账号的吸引力。

↑ 图1-27

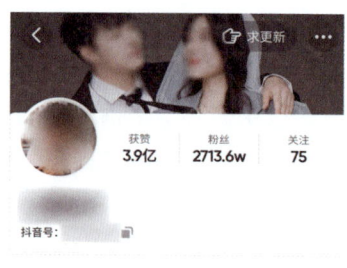
↑ 图1-28 ↑ 图1-29

宣传商品

如果带货的商品集中在某一个领域，那么创作者可以利用背景图为售卖的商品打广告。比如"好机友摄影、视频"抖音号售卖的一部分商品是图书，就可以通过背景图进行商品展示，如图1-30所示。

这里需要注意的是，所展示的商品最好是个人创作的，如教学课程、手工艺品等，这样除了能起到宣传商品的作用，还能强调创作者的专业性。

↑ 图1-30

1.6 理解视频精准推送的核心——账号标签

以抖音为例，账号标签是抖音向观众推荐视频时的重要依据，账号的标签越明确，看到其视频的观众与其发布的视频内容的关联性越强，就会有越多真正对该内容感兴趣的观众看到这些视频，点赞量、转发量或评论量自然就越高。

每个抖音号都有3种标签，分别是内容标签、账号标签和兴趣标签。

■ 内容标签

所谓"内容标签"，即创作者每发布一个视频，抖音就会根据其内容打上一个标签。发布的相同标签的内容越来越多，视频推送就会越来越精准。这也是笔者建议创作者在垂直领域制作内容的原因。连续发布具有相同标签的内容的账号，与经常发送不同标签的内容的账号相比，权重会更高。高权重的账号可以获得抖音更多的资源倾斜。

■ 账号标签

正如上文所述，当一个账号内容的标签基本相同，或者说内容垂直度很高时，抖音就会为这个账号打上账号标签。账号一旦拥有了账号标签，就证明在该垂直领域下已经具备一定的权重，可以说是运营阶段性成功的表现之一。

要想获得账号标签，除了所发布视频的内容标签要一致，还要让头像、名字、简介、背景图等都与内容标签相关，从而提高获得账号标签的概率。

↑ 图1-31

比如图1-31所示的抖音号，其背景图中的人物穿着学士服，显得很专业，名字中带"科普"，再加上言简意赅的简介，账号的整体性很强。

■ 兴趣标签

所谓"兴趣标签"，即平台根据用户经常浏览哪些类型的视频，为该用户打上的相应标签。比如一位抖音用户经常观看美食类视频，那么平台就会为其打上相应的兴趣标签，并会更多地为其推送与美食相关的视频。

因为一个人可以有很多种兴趣，所以兴趣标签并不唯一。抖音会自动根据用户观看不同类视频的时长及点赞等操作，将兴趣标签按优先级排序，并分配不同数量的推荐视频。

总结起来，在以上3种标签中，内容标签是视频维度的，账号标签是账号维度的，兴趣标签则是浏览行为维度的。

内容标签会对账号标签产生影响，但是兴趣标签不会影响内容标签和账号标签。

手动为账号打标签

鉴于账号标签的重要性，抖音推出了手动为账号打标签的功能，具体操作步骤如下。

❶ 点击抖音App右下角的"我"，点击右上角的三条杠按钮，点击"创作者服务中心"，显示如图1-32所示的页面。

❷ 在头像下方点击"添加标签"按钮，显示如图1-33所示的标签选择页面。

❸ 选择与自己相关的领域标签，点击"下一步"按钮。

❹ 选择更细分的标签类型，如图1-34所示，点击"完成"按钮。

❺ 显示保存标签的页面，如图1-35所示，提示创作者每间隔30天才可以修改1次。

↑ 图1-32

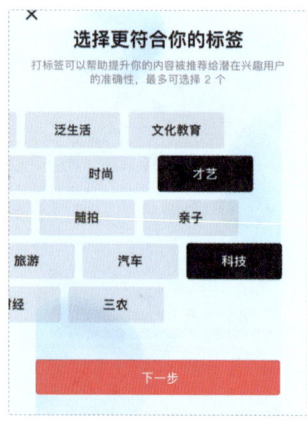

↑ 图1-33

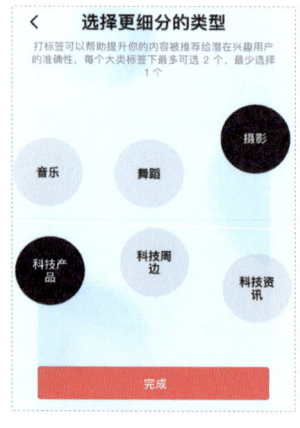

↑ 图1-34

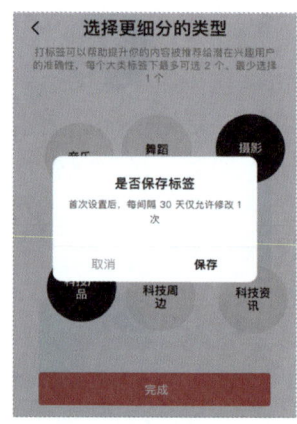

↑ 图1-35

查看账号标签

账号是否有正确的标签，是每一个创作者在刚开始时都需要特别关心的，用于判断自己的操作是否正确、是否添加了有效的标签。

创作者可以通过下面的方法，判断自己的账号是否有正确的内容标签。

❶ 关注"创作灵感小助手"并进入其主页，如图1-36所示点击主页上的"官方网站"按钮。

❷ 查看推荐的创作话题。如果推荐的话题与自己创作的内容方向一致，就代表已经打上了相关内容标签。图1-37所示为某摄影账号的推荐话题。

↑ 图 1-36

↑ 图 1-37

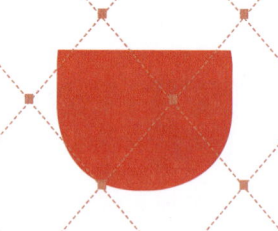

第 2 章

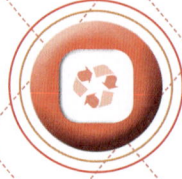

找对选题,
从不温不火到一夜爆火

2.1 从看客变身创客的第三步——找到好选题

■ 认识找到好选题的重要性

在短视频创作领域有一句话叫作"选题不对，努力白费"，这充分说明了选题的重要性。

有很多短视频初学者容易混淆"主题"和"选题"，因此对于选题的重要性的理解并不深刻。

下面我们通过一个简单的例子来介绍主题和选题。

例如，某定位为数码产品介绍的账号所发布的视频内容都是对各类数码产品的介绍，其中一个视频是讲解苹果手机与华为手机如何互传文件的。

那么对于这个账号来说，所有视频的主题就是数码产品介绍，而苹果手机与华为手机如何互传文件就是视频选题。

所以主题是一个很宽泛的概念，而选题就要具体得多。

选题确定之后，基本上就确定了这个视频的观看人群以及具体内容。好的选题不仅受众面大而且定位很精准，因此这样的视频往往能够获得更好的视频互动数据反馈，也就更容易成为热门视频。

因此，选题选好了，就成功了一半！

■ 找选题的 4 个常用方法

下面介绍 4 个常用的找选题方法，帮助读者找到源源不断的选题灵感。

依据节日等找选题

拿起日历，注意是要包括阳历、阴历等各种节日的日历，另外也不要忘记电商平台自创的那些节日。

以 5 月为例，主要有劳动节和母亲节两个节日，立夏和小满两个节气，这些就是很好的切入点，如图 2-1 所示。

围绕这些时间点找到自己所在垂直领域与其的相关性。例如，美食领域的账号可以将选题确定为"母亲节，我们应该给她做一道什么样的美食"，数码领域的账号可以将选题确定为"母亲节，送她一个高科技'护身符'"，美妆领域的账号可以将选题确定为"这款面霜大胆送母亲，便宜量又足，性能不输×××"。

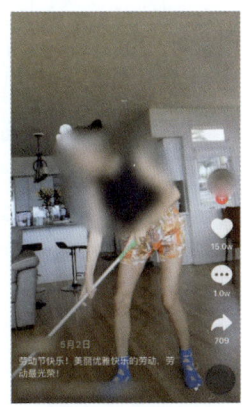

↑ 图 2-1

依据热点找选题

此处的热点是指社会上的突发事件。这样的热点通常自带话题性,利用热点确定选题,相关内容很容易获得关注。

我们在"蹭"热点时要坚守道德与法律的底线。

参考同行内容找选题

这里所说的同行,不仅包括视频媒体同行,还包括与自身视频创作方向相同的所有类型的媒体同行。例如,我们不仅要在抖音上关注同类账号(尤其是相同领域的头部账号),还要在其他短视频平台上关注相同领域的头部账号。视频媒体同行的内容能够帮助新手快速了解,围绕一个选题,如何用视频画面、声音等来表现主旨,也有助于自己在同行的基础上进行创新与创作。

另外,我们还应该关注图文领域的同类账号,如头条号、公众号、百家号、大鱼号、网易号、知乎号、小红书号等,在这些媒体上寻找阅读量比较多或者热度比较高的文章,因为这些文章常常可以直接转化成为视频选题。我们可以参考文章的行文逻辑制作相应的视频。

从粉丝那里找选题

绝大多数创作者在策划选题时,都是由内及外,基于自身的知识储备去考虑自己应该为粉丝创作什么样的内容。这种方法的弊端是创作者很容易因自身认知范围的狭窄导致创作的视频内容落于窠臼。

如果已经有一定的粉丝量,制作者不妨以粉丝为切入点,将自己为粉丝解决问题作为选题,即反过来从粉丝那里挖掘选题。

首先,这些问题可能是具有共性的,不是一个粉丝的问题,而是一群粉丝的问题,所以受众较广。

其次,这些问题是真实发生的,或者是有真实交流沟通记录的,所以可信度很高。

在抖音中,有些"大V"将这种选题思路用得非常好,比如某汽车领域的创作者为粉丝解决了一个又一个日常提出的实际问题,并将问题解决过程制作为视频,最终令其收获了近4000万名粉丝,如图2-2所示。

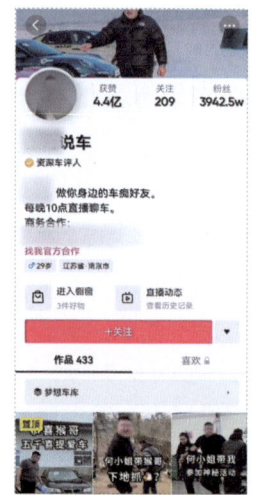

↑ 图2-2

2.2 使用"创作灵感"批量寻找选题

"创作灵感"是抖音官方推出的帮助创作者寻找选题的工具,其中的选题是基于大数据筛选出的,所以不仅数量多,而且范围广,能够突破创作者的认知范围。

下面是"创作灵感"具体的使用方法。

❶ 在抖音中搜索"创作灵感"话题,如图2-3所示,点击进入话题。

❷ 点击"点我找热门选题",如图2-4所示。

❸ 在顶部搜索栏中输入要创建的视频的主题词,如"插花",点击"搜索"按钮,如图2-5所示。

❹ 找到一个适合自己创建的、搜索热度较高的选题,例如笔者在此选择的是"银柳插花教程",点击进入。

❺ 查看与此话题相关的视频,分析学习相关视频的创作思路,如图2-6所示。如果查看相关用户,还可以找到大量对标账号。

❻ 按此方法找到多个值得拍摄的选题后,点击"稍后拍摄"按钮,将创作灵感保存在自己的灵感库中。

❼ 以后要创建此类选题的视频时,只需要点击右上角的图标,打开自己的创作灵感库进行自由创作即可。

↑ 图2-3

↑ 图2-4

↑ 图2-5

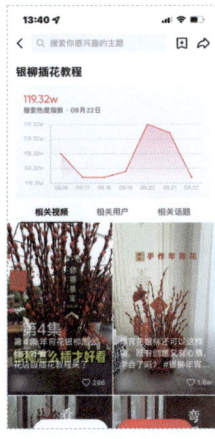

↑ 图2-6

2.3 用抖音热点宝寻找选题

■ 什么是抖音热点宝

抖音热点宝是抖音官方推出的热点分析平台,能基于对抖音热点数据全方位的解读,帮助创作者更好地洞察热点趋势,参与热点选题创作,获取更多优质流量,而且该功能完全免费。

要开启抖音热点宝功能，要先进入抖音创作服务平台，单击左侧列表中的"服务市场"，如图2-7所示。

在服务市场的推荐列表中单击"抖音热点宝"，显示如图2-8所示的页面，单击红色的"立即订购"按钮后单击"提交订单"。

完成订单提交后单击"立即使用"，则会进入如图2-9所示的使用页面。

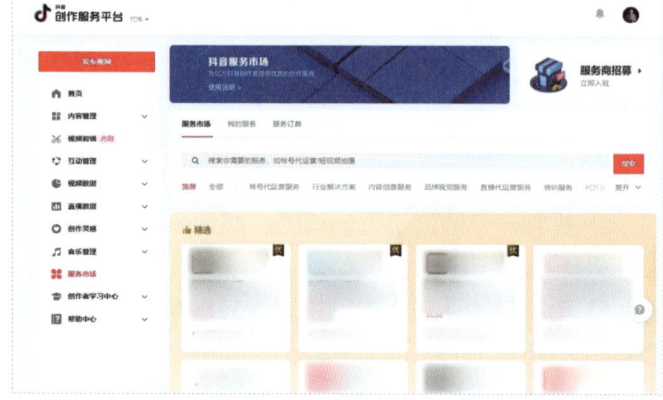

↑ 图 2-7

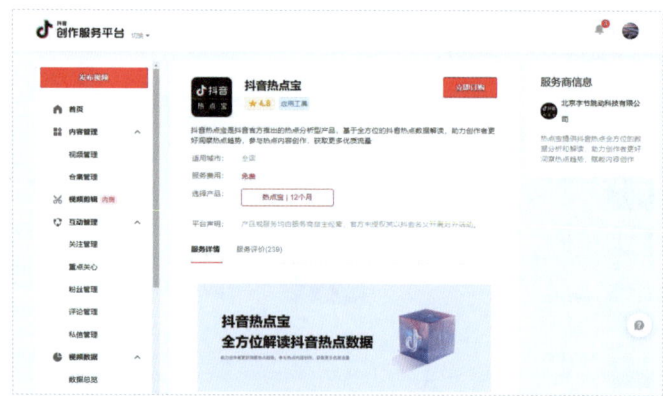

↑ 图 2-8

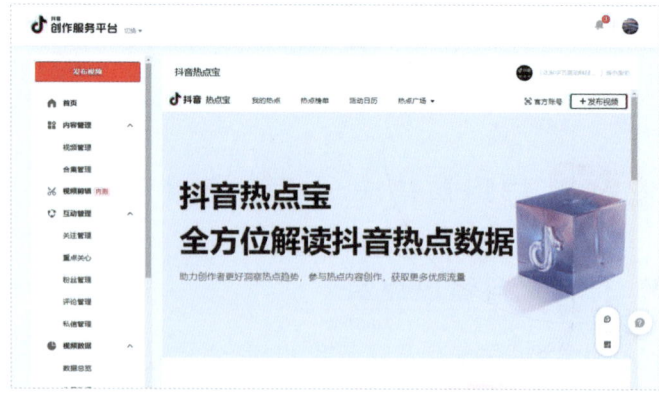

↑ 图 2-9

● 利用上升热点榜跟热点

上升热点榜可以给出某一事件的热度，而且提供有更直观的热度趋势图，如图2-10所示。将光标放在某一个热点事件热度趋势图的线条上，可以查看某一时刻该事件的热度值。

该榜单还可以按领域区分热点。单击"查看数量分布"按钮，即可查看哪一个领域热点更多，如图2-11所示。

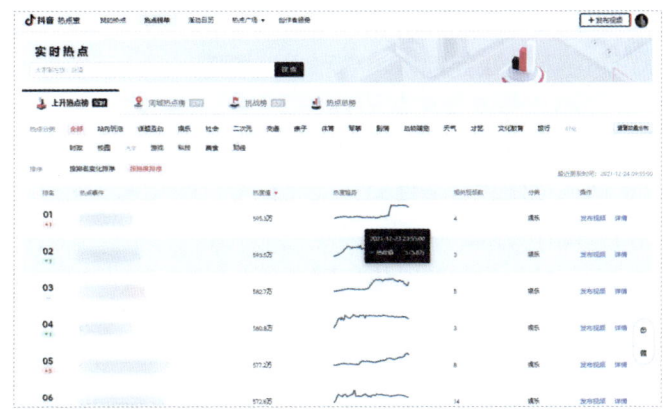

↑ 图2-10

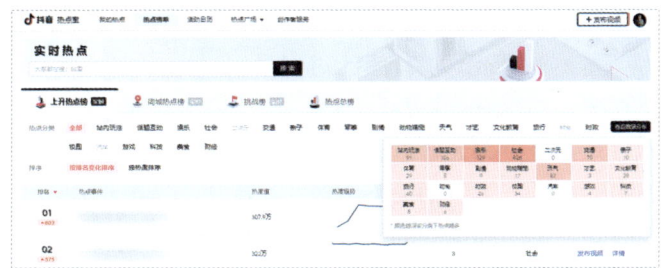

↑ 图2-11

● 利用同城热点榜推广线下门店

如果在创作视频时，有获取同城流量、推广线下门店的需求，一定要使用同城热点榜，榜单上一共列了17个城市。

如果创作者所在的城市没有被列出，可以在右上方的搜索栏中搜索城市的名称。例如笔者搜索"石家庄"，即可查看石家庄的城市热点事件，如图2-12所示。

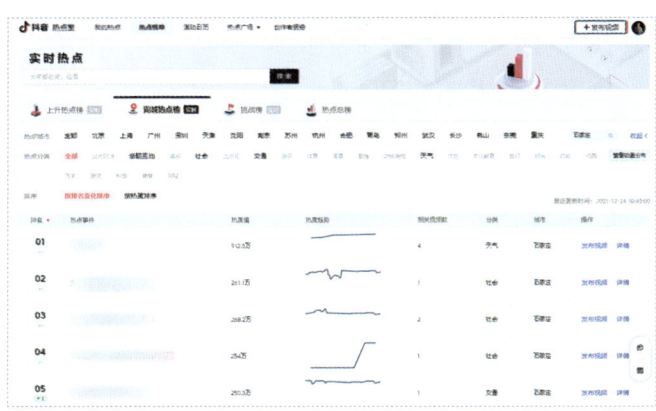

↑ 图2-12

● 利用热点广场查找热点

创作者利用热点广场可以从低粉爆款、高完播率、高涨粉率、高点赞率等不同维度，了解当前在抖音上什么样的视频更值得借鉴与参考学习，从而打开创作思路。单击"热点广场"下拉列表中的"热榜聚合"选项，显示如图2-13所示页面。

在这些榜单下方的"垂类筛选"下拉列表中，可按不同的细分领域进行筛选。

图2-14所示为笔者针对摄影细分领域进行筛选后的榜单。只要坚持每天分析这些榜单中的视频，笔者相信不用多长时间，努力勤奋的创作者就能够发现自己的各项数据均有长足进步。

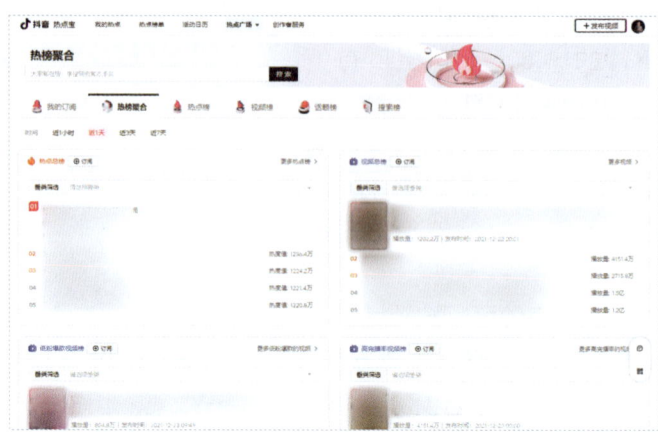

↑ 图2-13

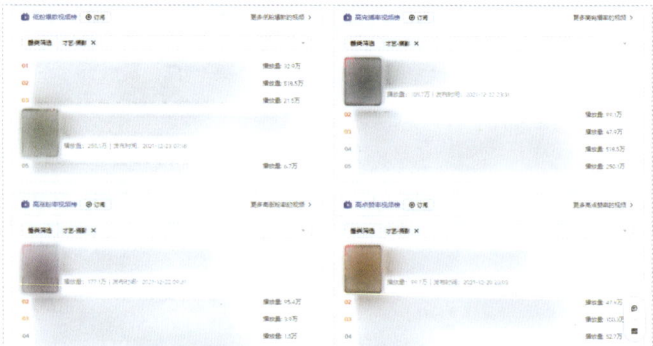

↑ 图2-14

● 只显示细分领域热点

如果按上述方法查看热点榜时，只希望显示自己关注的一个或多个细分领域，可以在选择"垂类筛选"下拉列表中的细分领域后，单击"订阅"按钮。这样以后查看热点视频时，只需要点击进入"我的订阅"即可，如图2-15所示。

在查看榜单时，可以依据近1小时、近1天、近3天、近7天等不同的时间周期，来判断当下与近期的热点趋势。

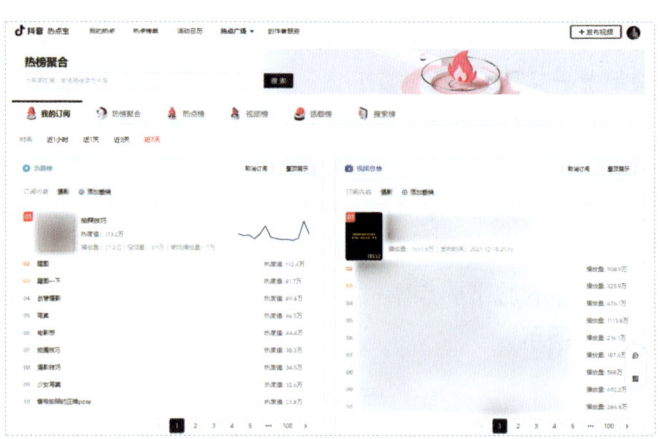

↑ 图2-15

2.4 利用巨量算数寻找选题

■ 以数据为导向"蹭"热点

巨量算数平台给出来的实时热点数据来源于抖音,如果创作者能够在找选题时成功"蹭"热点,则很有希望打造出爆款作品。

在巨量算数页面上单击"算数指数",向下拖动页面,可以看到抖音实时热点榜和抖音飙升热点榜,如图2-16所示。

在这两个榜单上,单击任意一个热点名称,可以看到对应的热点走势图,如图2-17所示。

由于从选题到创作直至发布至少需要几个小时甚至半天的时间,因此创造者要通过这个图判断当前选择的热点是否还值得跟。如果趋势上升则应该立即开始创作,如果趋势下降则应该考虑是不是要改变热点方向。

此外,如果希望借鉴别人的视频,可以继续向下拖动页面查看热门视频及发布视频的达人信息,如图2-18所示。

↑ 图 2-16

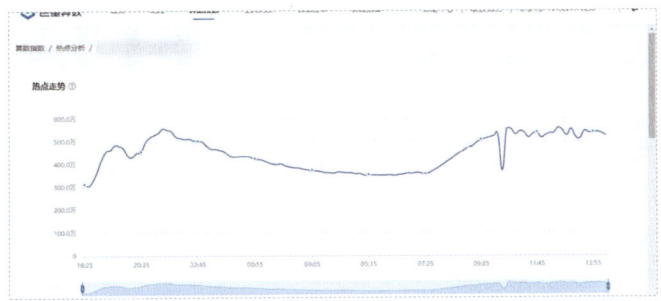

↑ 图 2-17

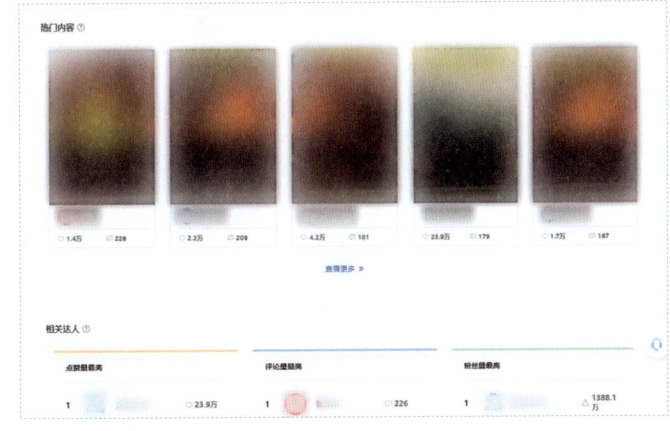

↑ 图 2-18

"蹭"热点的误区

"蹭"热点的一大误区是"硬蹭",即创作的内容与当前热点没有什么关系,但为了"蹭上"热点硬要使标题、封面、文案向热点靠近。

会有这种行为的创作者往往并没有理解抖音流量分发、账号定位的基本原理。

因为即便这样的操作使视频播放量有所增加,如果不考虑关注这些热点的是哪些用户,以及这些用户是否是自己账号的目标用户,则由此转换的粉丝反而有可能使账号标签变得不准确。

正确的方法是,在单击热点名称后,向下拖动页面查看此热点的用户画像,如图2-19所示。只有用户画像与自己的目标用户画像高度匹配,才值得花功夫"蹭",否则只会适得其反。

另外,有些创作者以为只要能在发布视频时选择一个热点进行关联,就能有助于视频上热门,如图2-20所示。其实这种"蹭"热点操作基本上是无效的。这是因为视频是要经过人工审核的。如果审核人员发现视频内容与热点无关,则关联100%会失败。

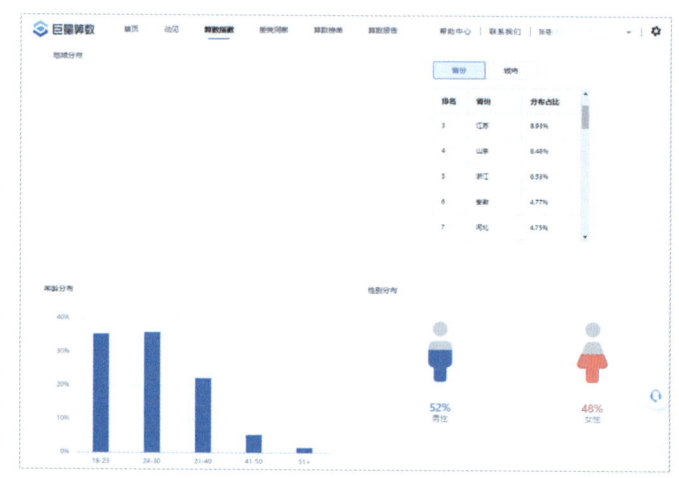

↑ 图2-19

↑ 图2-20

2.5 通过第三方渠道寻找选题

下面列举5个获取选题的第三方渠道。

■ 今日头条热点榜

打开今日头条App，点击界面上方的"热榜"选项，即可看到按照关注度由高到低排列的热点榜单，如图2-21所示。

■ 百度搜索风云榜

百度可以通过数亿网民单日的搜索数据来确定热点。我们只需要在百度中搜索"风云榜"，就会出现图2-22所示的界面，其中就包括"热搜榜"。

单击"热搜榜"3个字或"更多"，即可进入详细的热搜榜单，如图2-23所示。

单击任意一个热搜标题后，即可跳转至该热搜的百度搜索页面，查看更全面的信息。

↑ 图2-21

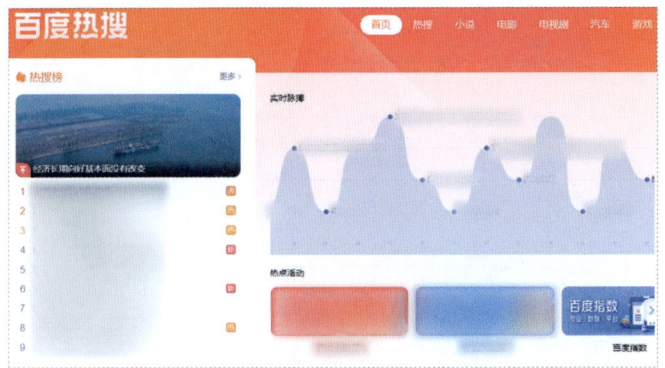

↑ 图2-22

↑ 图2-23

微博热搜榜

微博可以说是目前使用人数最多的个人网络社交平台之一，而微博热搜也是社会舆论的风向标之一。进入微博页面后，在右侧"微博热搜"版块的底部单击"查看完整热搜单"，如图2-24所示，即可进入热搜榜单页面，如图2-25所示。

微博热搜榜同样是按照热度由高到低排序，单击某个话题后，即可观看该话题下的相关微博。同时，微博中不仅有"热搜榜"，还有"要闻榜"和"好友搜"，我们通过这些榜样可以了解更多用户正在关注的话题。

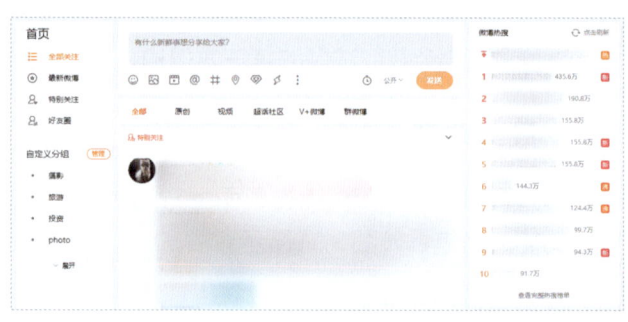

↑ 图2-24

↑ 图2-25

搜狗热搜榜

搜狗热搜榜可在电脑端查看。由于搜狗的搜索量仅次于百度，因此搜狗热搜榜也具有一定参考价值，如图2-26所示。

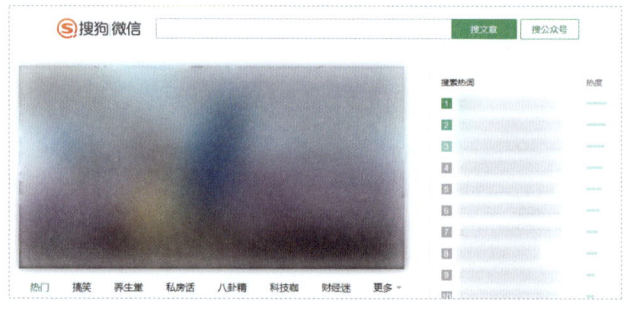

↑ 图2-26

即时热榜

即时热榜也可在电脑端查看。这个网站聚合了数十个媒体渠道（如头条搜索、今日头条、微博、知乎日报等）的热点资讯，如图2-27所示。

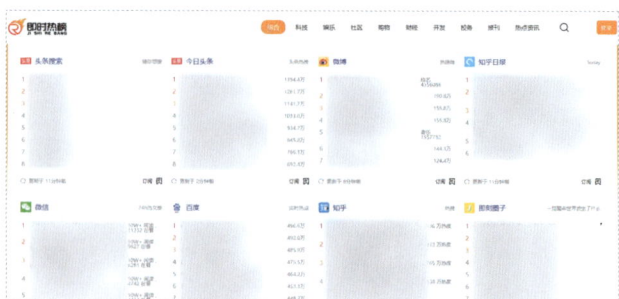

↑ 图2-27

第 3 章

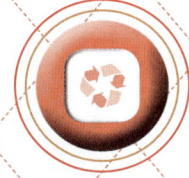

写好文案，
从感动自己到感动大家

3.1 从看客变身创客的第四步——写好短视频文案

相信对于文案大家都不陌生，无论是我们看到的广告词，还是微信公众号文章，或是在工作中写的周报、月报，都可以算得上是文案。

而这里所说的短视频文案是指专门应用于短视频或中视频的一类文案，具体呈现在以下几个地方：账号简介、话题、视频标题、口播文案、评论、直播脚本等，如图3-1～图3-6中的红框标记内容所示。

除了这些观众能够直接看到或听到的文案外，视频脚本也是典型的短视频文案。

↑ 图3-1

↑ 图3-2

↑ 图3-3

↑ 图3-4

↑ 图3-5

↑ 图3-6

3.2 认识短视频文案的作用

■ 用文案调动大众情绪

首先，我们通过一个小故事来认识文案是怎样调动大众情绪的。

有一位双目失明的老乞丐，他不像其他乞丐那样伸手向过路行人乞讨，而是在身旁立一块木牌，上面写着："我什么也看不见。"

街上过往的人很多，却都对木牌上的字无动于衷。

一天中午，一位诗人也经过这里。

他看了看木牌上的字，问这位老人："老人家，今天上午有人给你钱吗？"

"唉！"老人愁容满面，叹息着回答，"我，我什么也没有得到。"

诗人听了，沉吟了一下，把木牌悄悄翻过来，拿起笔写上"春天到了，可是我什么也看不见。"

晚上，诗人又经过这里，询问老人下午的收入情况。

老人笑着对诗人说："先生，不知为什么，下午给我钱的人多极了！"

很明显，带来这种变化的正是那句"春天到了，可是我什么也看不见。"

这句话的魔力在于它有浓厚的感情色彩，它使能够看到蓝天白云、绿树红花的游人，与苍老并且眼前一片漆黑的老人产生对比。诗人对文案的修改，唤起了人们对美的向往，也击中了人们的同情心。

这个故事给我们的启示就是，人是可以被文字所打动的，这也是各大品牌格外重视宣传文案的重要原因。由此，我们也就不难理解为什么对于短视频而言，文案也格外重要了。

用文案使信息传递得更充分

营销学家曾经做过一个实验，给A、B两组人分别看纯图像及带有文字说明的图像，然后，通过答卷判断A、B两组人所获得信息的发散度和准确度。

这个实验的结论是，看纯图像的人所获得信息的发散度高于看带有文字说明的图像的，而看带有文字说明的图像那组人所获得信息的准确度远远高于看纯图像的那组。

用文案升华短视频的主题

例如在竞争激烈的影视解说类短视频赛道，"越哥说电影"凭借出色的文案能力，使自己的视频获得了非常高的播放量，下面是笔者摘取的文案。

■ 电影《燃情岁月》。跟随着音乐，我们见证了一个个鲜活的人物从出生到成长，从青年到壮年，从澎湃到消亡。天真、探索、热血、躁动、狂喜、大悲、恐惧、平静、幸福、落寞、挣扎、沉寂……这短短的一生，我们最终都会逝去，每个人都曾在无人的深夜拷问过自己：我这一生，到底在追求什么呢？我们听到的，是否就是我们内心里真正的声音呢？如果是，那我们本应该无牵无挂、平和安宁。但是，我们在痛苦什么？我们在迷茫什么？我们在遗憾什么？我们又在害怕什么呢？如果一个人完全按照内心活下去，要么成为一个疯子，要么成为一个传奇。或许，世人痛苦的根源就在于，没办法完全按照内心的声音而活。道德和规则，不遗余力地压抑着情欲和愤怒。每个人内心深处都有一头猛兽，如果无法驯服，我们就永远都不可能获得安宁。对于大多数人而言，因为害怕被世俗孤立，他们只能依照世俗而活，而非依照内心而活。如果你的内心并不安宁，如果你的眼里一片死寂，那是因为你的生活违背了你的本意。

正是由于该创作者比其他同类创作者多了这类文案，甚至是文案金句，他的账号才得以从众多影视解说号中脱颖而出。

注意，在制作影视解说类的内容时，创作者需要使用平台指定的有版权的影视资源，否则会构成侵权。

● 用文案营造短视频的意境

除了升华主题以外，文案还能够为短视频增加意境，例如下面的文案。

■ 在青山绿水之间
　我想牵着你的手
　走过这座桥
　桥上是绿叶红花　桥下是流水人家
　桥的那头是青丝　桥的这头是白发

这样的文案配合舒缓的音乐与唯美的视频画面，能营造出优美的意境。

● 用文案使短视频更易传播

有一些短视频由于文案有趣、生动，因此成为创作者的记忆符号，使短视频及账号不仅更易于记忆，而且更容易获得广泛传播。

例如，抖音号"冷少"的文案"对不起，是我肤浅了"，如图3-7所示。

又如，售卖豪车的抖音账号"老纪"的文案"尊敬的库里南车主"，如图3-8所示。

↑ 图3-7

↑ 图3-8

3.3　获取优秀视频文案的两种方法

对于新手来说，写出好文案的一个比较简单的方法就是，先学会借鉴同行的优秀文案，通过分析并模仿这些文案，逐渐找到写文案的感觉，最终形成属于自己的一套行之有效的文案创作套路。

通过前面的介绍，我们知道文案有很多类型。视频标题或者是评论等简短文案可以通过观看同行的短视频快速学习，但解说文案这样长篇幅的文案就不是仅靠观看短视频能够学会的，因此我们需要获取这些文案进行深入的分析，下面讲解两种获取视频文案的方法。

在手机端获取文案

我们可以使用"轻抖"小程序的"文案提取"功能在手机端获取文案。具体操作方法如下。

❶ 进入抖音，点击目标短视频右下角的 ，如图3-9所示。
❷ 在打开的界面中点击"复制链接"按钮，如图3-10所示。
❸ 进入微信，搜索并进入"轻抖"小程序，点击"文案提取"选项，如图3-11所示。
❹ 将复制的链接粘贴至文本框，并点击"一键提取文案"按钮，如图3-12所示。
❺ 稍等片刻，识别出的文案就会自动显示在界面中，点击"复制文案"按钮，如图3-13所示。
❻ 长按文本框，选择需要复制的文字，再点击左上角的"复制"按钮，如图3-14所示。接下来，无论是将该段文字粘贴到手机的记事本中，还是粘贴到QQ或者微信中然后发送到电脑上都可以。

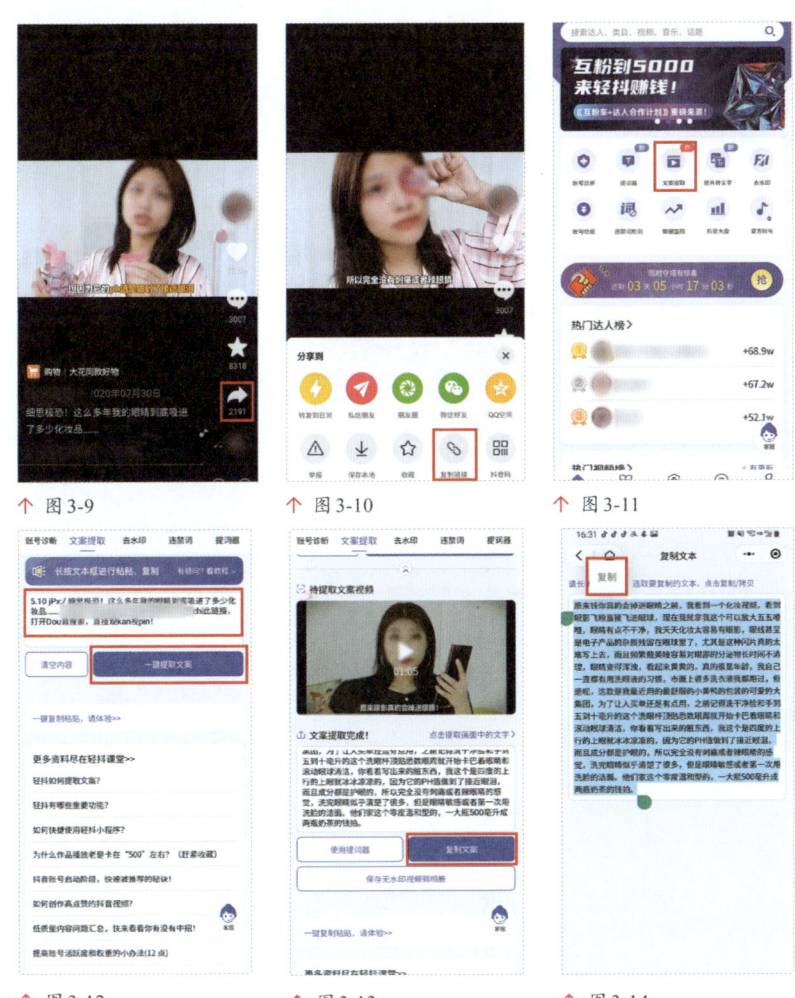

↑ 图3-9　　　　↑ 图3-10　　　　↑ 图3-11

↑ 图3-12　　　　↑ 图3-13　　　　↑ 图3-14

在电脑端获取文案

目前在电脑端还没有直接能通过链接获取短视频文案的工具,但有一个能够一次性获得海量文案的方法,步骤如下。

❶ 进入巨量创意网站,单击"工具箱",再单击"脚本工具",如图3-15所示。

❷ 在"脚本工具"页面,通过选择或搜索不同的领域、关键词,即可找到大量可供借鉴学习的脚本文案,如图3-16所示。

↑ 图 3-15

↑ 图 3-16

3.4 别踩入同质化文案的坑

虽然使用前面的方法可以快速获取短视频文案，但这些文案绝对不可以直接照搬照套。创作者一定要在理解后，根据自身的特点加以创新，否则视频不仅不利于树立账号良好的形象与人设，还容易被抖音的大数据算法捕获而导致账号受到惩罚。

抖音安全中心在2022年1月上线了"粉丝抹除""同质化内容黑库"两项功能，如图3-17所示。

当平台检查到如图3-18所示的同质化抄袭文案视频时，将通过这两项功能，从账号上自动抹除此类视频吸引的粉丝，并对账号进行降权处理。

↑ 图3-17

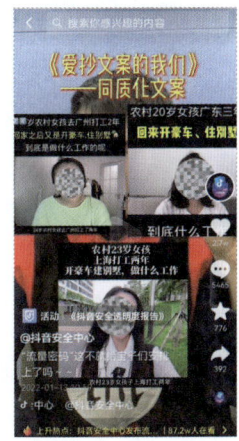
↑ 图3-18

3.5 短视频文案的写作思路

如前所述，短视频文案可以分为账号简介、话题、视频标题、口播文案、评论、直播脚本等。

其中，账号简介的编写方法已经在第1章做过详细讲解，不再赘述。话题的撰写方法将在第6章详细讲解，评论的撰写方法将在第7章详细讲解，直播脚本的撰写方法将在第10章详细讲解。

下面将重点讲解视频标题和口播文案的写作思路。

■ 短视频标题的写作思路

短视频的标题之所以非常重要，是因为当大家看到一条短视频的时候，能够通过短视频的标题在短时间之内判断是否要继续观看。当然前提条件是短视频的画面以及内容表现形式基本能满足观众的最低观看要求，否则观众在看到这条短视频的第一秒，还没有看清楚标题的情况下，就有可能已经划走了。

我们可以简单地将短视频的标题理解为一本书的书名，所以在通常情况下，短视频的标题要能概括短视频的主要内容。但只是这样，还不足以吸引观众继续观看，撰写短视频标题最核心的原则，就是引起观众的好奇心。在后面的介绍中，笔者会通过大量示例来证明这一点。

短视频讲解文案的写作思路

根据短视频的类型及长度，短视频讲解文案有不一样的撰写方法，但尽管如此，还是存在一定的共性。

共性一：爆点前置

在短视频时代，观众对于短视频铺垫与过渡内容的容忍极限可能只有两三秒，也就是说如果在两三秒之内，观众没有听到干货或者看到有意思的画面就会划走。这要求创作者在撰写短视频讲解文案的时候，首先就要提出问题，或者抛出重磅干货，以吸引观众继续观看。

共性二：输出价值

短视频一般都要输出价值，换话说，短视频一定要对观众有用。比如可以介绍干货，也可以分享好物，还可以总结经验。

共性三：反转

现在谈到电影情节的时候，大家使用得最多的词就是反转。尤其是悬疑类、探案类题材的电影，反转越多，观众就会认为情节越巧妙。所以，如果是情节类的短视频，一定要加入反转，在这方面可以参考账号"陈翔六点半"的视频。

共性四：加入指令

加入指令是指在文案中加入引导观众点赞、转发、评论的相关语句。

3.6 利用反常规撰写标题

下面用一个例子来帮助大家理解什么是反常规。

"在这个信息爆炸的时代，狗咬人并不是新闻，而人咬狗才是"。

虽然这句话听起来不怎么上档次，但是反映了当前信息爆炸时代创作者面临的困境。也就是如果仍然使用以前的平铺直叙的写作方法，恐怕很难获得观众的注意力以及平台的流量。

所以在撰写标题以及相关文案时，有一个屡试不爽的方法就是抛出颠覆性的观点。

只有那些看似离经叛道、颠覆常理的东西，才更容易引起当前大多数人的兴趣。

当然这里提到的看似离经叛道、颠覆常理的内容必须是正确的，需要有充足的依据和严密的论证，否则就是错误信息。

例如下面的标题都用了这种抛出颠覆性观点的方法。

- 他高中辍学，28岁的时候就已经获得千万级投资，凭什么？
- 这种水果的维生素含量非常高，但为什么没人吃？
- 身为大学教授的我，今天被小学生教育了

用这种方法撰写标题，无疑都有夸张的嫌疑。

所以这种方法对于创作者的写作能力有极高的要求，创作者需要通过具体内容对标题进行解释以及严密的论证，否则很容易给观众留下这个创作者不靠谱的印象。

3.7 利用汇总式标题或文案吸引观众

为什么在短视频领域创业的时候都需要首先立人设，基本原理其实就是粉丝认为这些人设成功的创作者能够帮助他们少走弯路、多避坑，能够帮助他们从海量良莠不齐的信息中筛选出最有价值的那一部分。同理当视频使用汇总式标题时，自然也更容易获得大家的认可。

例如，内容没有分类、包含了1000道家常菜的电子书可能没人要，分类精准、包含了100道精品家常菜的电子书却卖得很好，这就是信息归纳与整理所带来的价值。

所以，我们经常能够在各类媒体平台上看到类似于下面的标题及文案。

- 人这一辈子不应错过的50个旅游度假胜地
- 近10年高考中，数学最后一道大题解题思路汇总
- 市场在售的10种酸奶，营养价值大比拼

创作者从这个角度创作文案或视频内容时要注意一点，虽然一个视频可能汇总了十几甚至几十条有用的信息，但一定要尽量把质量高的内容放在前面。因为在短视频时代，观众的忍耐力都非常有限，如果短视频不能够在开头几秒钟或者几句话之内吸引观众，他们就很容易跳出或划走。

3.8 利用问题挑战观众

根据马斯洛的需求层次理论，人的高层次需求是自我实现和尊重的需求。因此如果观众的需求层次比较高，往往更容易接受问题挑战类的标题，因为他们能够通过回答标题中的问题证明自己的身份以及学识，举例如下。

- 你知道吗？只需要一个小软件就能够让客厅和卧室的 Wi-Fi 信号满格
- 免烫免熨的衣服到底用的是什么样的布料？

例如拥有千万粉丝的抖音号"一禅小和尚"的视频文案的一大特点就是善于利用问题。

在写作问题类标题的时候，创作者通常可以采用以下 5 种形式。

是非式

这类问题的答案通常是"是"或"不是"。
- 你们家的网速是不是经常很慢？

推导式

这类问题通常需要观众有较好的耐心。
- 某品牌为什么在网络上引起如此大的争议？

强调式

这一类问题包含了创作者要表达的重点，如图 3-19 所示。
- 为什么一定要出去旅游？

↑ 图 3-19

权威式

创作者在写作这一类问题的时候，通常需要借助第三方权威机构或者权威人士，提高标题的可信度，并吸引观众。
- 教育部数据表明考研大学生数量减少了，原因是什么呢？

挑战式

这一类问题也非常常用，通常是给出一个难题要求观众解决，如图 3-20 所示。
- 这个下联迄今为止只有 3 个人能对上，你要不要试一下？

↑ 图 3-20

3.9 调整用词使标题更有画面感

从信息传递的角度来看，图片要比文字更高效，而视频又比图片更高效。从结绳记事开始，人类的信息传递效率总是随着社会的发展而发展，这也是视频成为当前主流信息传递方式的一个重要原因。

明白了这一点以后，我们在写标题及相关文案的时候就应该注意，通过遣词造句使每一句话都尽量更加具象、更有画面感。

比如在写标题时，要做到这一点一个比较简单的方法就是多用动词。

下面我们通过比较两个标题来加深认识。

■ 京广高铁再提速，将成第五条运营时速达 350 千米的高铁

■ 坐在每小时能跑 350 千米的京广高铁上，是怎样一种风驰电掣的感觉？

很显然第一个标题使用了非常传统的标题写作方法，没有办法给人带来画面感。

而第二个标题首先用到了"坐""跑"这样两个动词，其次用到了"风驰电掣"。这些词串联在一起，不仅能够形成一种代入感，而且能够让人联想到自己在高铁上看着车窗外面急速后退的景物，所以第二个标题能够给人更强的画面感。

采用这种方法写作的时候，创作者首先要在自己的脑海中形成一个画面，这样才能够在描述这幅画面的时候找到合适的字词。

3.10 利用共鸣式标题打动用户

如果你在看到某一个短视频标题的时候，感觉它好像说的就是自己，那么这类标题就叫作共鸣式标题。这类标题能够迅速拉近短视频与观众之间的距离，所以能够更容易让观众对短视频所讲述的内容产生认可。

共鸣通常有以下 3 种形式。

第一种是角色共鸣。

第二种是境遇共鸣。

第三种是情绪共鸣。

在人与人交往的时候，有一句俗话描述了与上文相似的情况，就是"老乡见老乡，两眼泪汪汪"。这其实就是综合了角色共鸣、境遇共鸣与情绪共鸣。

所以如果你能够在一个标题中综合这 3 种共鸣，当然就能够吸引更多的流量；但如果不能，仅靠一种共鸣形式，通常也能够快速达到自己预期的目标。

在具体写作的时候，可以考虑下面两种方式。

一是在标题或者文案中点明角色的身份，举例如下。

■ 单亲妈妈就一定要一手带娃一手工作，累得不行吗？

二是描述某一个群体共同经历的一件事情，举例如下。

■ 考研成功"上岸"，你想对学弟学妹们说些什么？

3.11 利用数据增强文案的说服力

很多时候采用形容或者类比的方式来写文案会比较抽象，因此我们如果在能够拿到确切的数据，那么写作的时候就应该用数据说话。

例如，我们在"省电"的前面加10个"非常"，都不如直接写明这款冰箱每天晚上只耗0.1度电。

又如，微信公众号上有一篇文章标题是：某电视台曝光了，这个产品售价5000元，成本100元，你有没有被坑？

这个标题不仅提到了权威机构"某电视台"，而且用数字形成了夸张的对比，从而使读者对文章的内容产生了好奇。

很多公司开会的时候，领导们通常只关注下属在汇报中引用的数据。尤其是那些以效率著称的互联网公司，它们通常都以数据为抓手来推动公司的整体发展，或者判断某一个发展方向是否还有潜力。

由此不难看出数据具有很强的说服力和公允性，所以在具体写作过程中，我们可以采取以下两种方法。一是化整为零，把大数分解为小数，使观众更容易接受，如图3-21所示。二是化零为整，将小数合并为大数，增强数据的震撼力，如图3-22所示。

首先我们看一下化整为零的写作方法，举例如下。

■ 每天只需20元，立即拥有最新款的苹果手机。

一部苹果手机并不便宜，但由于均摊到了365天上，所以"每天只需20元"听起来并不多，对于消费者来说还是很有吸引力的。这是许多价格比较高的产品在推广时常用的一种套路。

下面我们看一下化零为整的写作方法，举例如下。

■ 一年3000000步，这个95岁的老人能做到，你也可以。

↑ 图3-21

↑ 图3-22

3000000这个数字看起来非常具有震撼力，但实际上如果将3000000除以365，就会发现每天只需要走8000多步，这是几乎每一位普通上班人士都能够实现的步数。

3.12 利用利害相关原则撰写文案

有句话叫:"事不关己,高高挂起。"

这一点同样体现在短视频的创作中。如果一个短视频的标题让观众感觉其内容与自己无关,那么他就会快速划走。

所以增强短视频吸引力的一个非常重要的技巧,就是通过改变主语使你的目标用户看到标题就认为短视频内容与他们自己相关,如图3-23、图3-24所示,举例如下。

■ 每天做这几个小动作,再长高10cm也不是不可能

这个标题虽然看起来也还行,但是比较大的问题是与观众的关联性不强。很多观众在看到这样的标题时,会感觉是在看热闹。

所以,我们需要通过下面的方法对这个标题进行优化。

↑ 图3-23

↑ 图3-24

■ 孩子身高不达标的家长注意了!这几个小动作,只要能坚持,孩子再长高10cm没问题

这个标题在修改的时候,最主要的就是明确了目标用户。只要是对孩子的身高还不太满意的家长就一定会继续看视频的具体内容。

按照同样的思路,我们可以根据年龄、性别、职业、身份等确定目标用户,从而写出让这些人格外关注的标题,举例如下。

■ 大部分宝妈的育儿知识都来源于这本育儿百科全书

上面提到的两个标题就是以年龄和身份来圈定目标用户的。

3.13 15个短视频标题模板

对于许多新手来说,可能在短时间内无法熟练运用书中讲述的标题创作思路和技巧。

因此,可以考虑以下面列出来的15个标题模板为原型,修改其中的关键词,这样就能快速创作出可用的标题。如果能够灵活组合运用这些模板,当然能起到更好的效果。

模板1: 直击痛点型

例如,"女性太强势婚姻真的会不幸福吗?""某品牌的制动是不是真的有问

题？""儿童早熟父母应该如何自查自纠？"如图3-25所示。

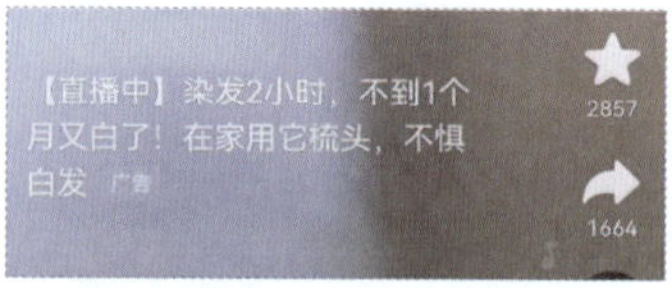

模板2：共情共鸣型

例如，"你的职场生涯是不是遇到了玻璃天花板？""不爱你的人一点都不在意这些细节""你会对10年前的你说些什么？"

↑ 图3-25

模板3：年龄圈层型

例如，"'80后'的回忆里能看的动画只有这几部""'90后'结婚率低是责任心更强的表现吗？""如果取消老师的寒暑假会怎样？"如图3-26所示。

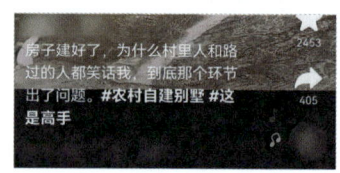

↑ 图3-26

模板4：怀疑肯定型

例如，"为什么赢得世青杯的是他？""北京的房价是不是跌到要出手的阶段了？""码农的青春不会只配穿格子衫吧？"，如图3-27所示。

模板5：快速实现型

例如，"仅需一键微信多占的空间全部清空""泡脚时只要放这两种药材就能祛除湿气""掌握这两种思路写作文案时下笔如有神"。

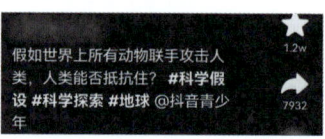

↑ 图3-27

模板6：假设成立型

例如，"如果生命只剩3天你最想做的事是什么？""如果猫咪能说话你能说过它吗？"如图3-28、图3-29所示。

模板7：时间延续型

例如，"这是我在海南旅行的第200天""这顿饭是我减肥以来吃的第86顿""这是我第55次唱起这首歌"。

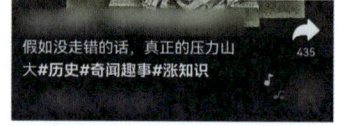

↑ 图3-28

模板8：必备技能型

例如，"校招季面试一定要知道的方法"。

↑ 图3-29

模板9：解决问题型

例如，"解决面部油腻问题看这个视频就会了""不到1米6如何穿出'大长腿'""厨房油烟排不出去的3个解决方法",如图3-30所示。

模板10: 自我检测型

例如,"这10个问题都能回答上来的是人中龙凤""会这5个技巧你就是车行老司机""智商过百都不一定能解对这个谜题"。

↑ 图3-30

模板11: 独家揭秘型

例如,"亲测好用的快速入睡方法""我家三代大厨的秘制酱料配方"。

模板12: 征求答案型

例如,"年入30万元应该买辆什么车?""留学的性价比现在还高吗?"如图3-31所示。

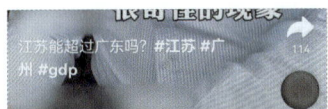
↑ 图3-31

模板13: 绝对肯定型

例如,"如果再让你选择一次职业,一定不要忘记看看过来人的经验""这个小玩具不大但真的减压",如图3-32所示。

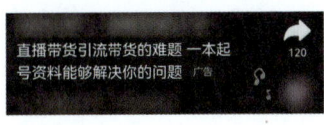
↑ 图3-32

模板14: 羊群效应型

例如,"大部分油性皮肤的人都这样管理肤质""30岁以下的创业者大部分都上过这个财务课程"。

模板15: 罗列数字型

例如,"中国99个4A级景区汇总""这道小学数学题99.9%的人解题思路是错的",如图3-33所示。

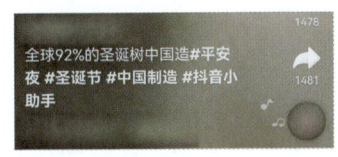
↑ 图3-33

3.14 可以提高视频完播率的指令性文案

指令性文案除了在讲解的过程中插入,希望观众点赞、转发、评论外,还有些能够提高视频完播率,例如下面这两句话,几乎大部分口播类短视频中都能听见。

- "这件事有3个原因,最后一个最重要,一定要看完。"
- "你一定要看到视频最后,我会告诉你答案。"

这两句话看起来很简单，但只要口播者语气坚定，文案结构设计得当，把有价值的答案放在短视频的后面，就能引导观众看到最后，提高视频完播率。

在具体使用过程中，前半句话可以根据视频内容适当变换，基本原理是用前半句话圈定人群或者给出具体场景，如图 3-34 所示。

除了这两句话以外，经常被用到的还有另外一句：

■ "总结表格在视频最后，请大家截图保存。"

这句话跟前面两句话其实意思是一样的，都是通过话术引导观众看到短视频的最后，从而提高视频完播率，如图 3-35 所示。

使用这种方法一定要确保短视频的最后有非常棒的干货，否则"上过当"观众的下一次就会直接划走。

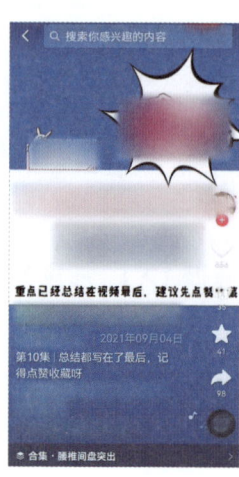

↑ 图 3-34　　↑ 图 3-35

第 4 章

学会拍摄，从搬运视频到原创视频

4.1 从看客变身创客的第五步——拍出好视频

虽然在抖音等短视频平台可以发布图文内容，但所有短视频平台的内容还是以视频为主，所以每一个创作者必须要掌握使用手机或相机拍摄视频的方法。

本章将分别讲解如何使用手机及相机拍摄视频。

4.2 用手机录制视频的基础设置

■ 安卓手机视频录制参数设置方法

在安卓手机和苹果手机中，用户均可对拍摄视频的分辨率和帧数进行设置，其中安卓手机用户还可以对视频的画面比例进行调整，如图4-1~图4-3所示。

当前主流短视频平台的视频画面比例如下：横屏通常要求为16：9，竖屏通常要求为9：16。但这并不是说类似于1：1、21：9的画面比例就完全不能使用。

↑ 图4-1 点击界面左上角的 ⚙ 进入设置界面

例如，如果拍摄的是横屏视频，但采用竖屏方式观看时视频画面在屏幕中所占比例较小，如图4-4所示。在这种情况下，不妨将视频的画面直接拍摄或通过后期剪裁成1：1的比例，这时画面在竖屏观看时就显得大一些，如图4-5所示。

↑ 图4-2 选择"分辨率"选项

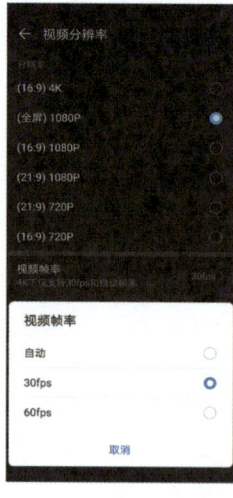

↑ 图4-3 根据拍摄需求，选择视频画面比例、分辨率及帧率

↑ 图4-4 横屏视频占屏幕比例较小

↑ 图4-5 1：1视频占屏幕比例相对较大

苹果手机分辨率与帧数设置方法

在苹果手机中，用户也可对视频的分辨率、帧数进行设置。在录制运动类视频时，建议选择较高的帧数，以让运动物体在画面中的动作更流畅；而在录制访谈等相对静止的画面时，选择30fps即可，这样既省电又省存储空间，如图4-6~图4-8所示。

↑ 图4-6 进入"设置"界面，选择"相机"选项

↑ 图4-7 选择"录制视频"选项，进入分辨率和帧数设置界面

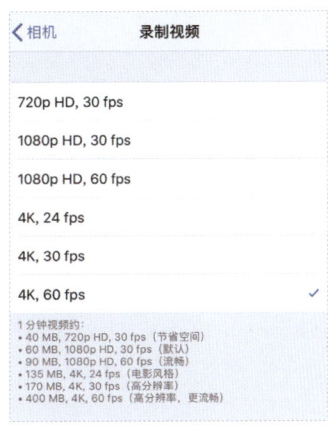

↑ 图4-8 选择分辨率和帧数

4.3 用手机录制视频的基本操作方法

打开手机的照相功能，然后滑动下方的选项条，选择"视频"模式，然后将手机横放，点击圆形按钮即可开始录制，再次点击该按钮即可停止录制，如图4-9、图4-10所示。

↑ 图4-9 在视频录制模式下，点击界面右侧的圆形快门按钮即可开始录制

↑ 图4-10 录制过程中点击界面右下角的圆形快门按钮可在视频录制过程中拍摄静态照片，点击界面右侧中间的圆形按钮可结束视频录制

录制时可以长按画面，以锁定对焦与曝光，使画面的虚化程度与明暗程度不再变化，如图4-11所示。

苹果手机还有一个比较人性化的功能，即在录制过程中点击右下角的快门按钮可随时拍摄静态照片，从而留住每一个精彩瞬间。另外，在拍摄照片时按住快门按钮不放，可快速切换为视频录制模式，如图4-12所示。

在录制视频时，点击画面中前景或背景处的景物，可以实现在拍摄过程中对焦点的切换。

↑ 图4-11 录制视频时长按画面中的主体对象，使其四周出现黄色的方框，以可锁定自动曝光与对焦

↑ 图4-12 拍摄照片时，可以通过长按快门按钮的方式进行视频录制，松开快门按钮即结束录制

4.4 使用专业模式录制视频

● 进入专业模式

如果创作者使用的是安卓手机，而且对于曝光控制有比较深入的理解，建议拍摄视频的时候选择专业模式。

在这种模式下，创作者可以自由地设置快门速度、感光度以及白平衡模式等视频拍摄参数。

只需要选择"专业"功能，设置所有参数，在录制视频时点击右下角的视频录制按钮即可。

由于视频拍摄参数可以自由定义，因此专业模式可以解决许多使用默认拍摄模式无法解决的问题。

● 解决画面闪烁问题

例如，在有灯光的场景下，使用手机拍摄视频时，许多创作者会发现视频画面会不断闪烁，这是由于手机的快门速度与电源的频率无法匹配。

由于国内的电源的频率通常为50赫兹，因此解决方法就是将拍摄模式切换为专业模式，然后将快门速度设置为1/50秒或者1/100秒，如图4-13所示，这样就能够确保拍摄出来的画面不再出现闪烁问题。

同样，如果希望拍摄出的画面呈暖色调或者冷色调，创作者可以对白平衡进行相应的设置，如图4-14所示。

如果还没有学习过曝光控制的相关理论，但又希望在视频创作领域长期发展，建议创作者尽早学习，因为无论使用手机还是相机拍摄照片或视频，这些理论都是通用的。

↑ 图4-13 设置快门速度为1/50秒

↑ 图4-14 设置不同白平衡改变画面色彩

4.5 根据平台选择视频画幅

不同的短视频平台，其视频展示方式是有区别的。比如优酷、头条和B站等主要是以横屏来展示视频的，因此以竖画幅拍摄的视频在这些平台上展示时，画面两侧就会出现大面积的黑边。

而抖音、火山和快手等短视频平台的展示视频的方式以竖屏为主，此时以竖画幅录制的视频就可以充满整个屏幕，观看效果会更好。

另外，如果创作者要参加火山及抖音的中视频伙伴计划，则需要将视频拍摄成横屏的。

所以在录制视频前，创作者要先确定视频将要发布的平台，再确定是以竖画幅录制还是以横画幅录制。

4.6 用手机拍出前实后虚的电影效果视频

前景或背景虚化的效果，一度是手机摄影与专业微单或单反相机摄影的分界线，但随着手机算法升级，这一分界线变得模糊起来。使用下面本节介绍的技巧，创作者用手机也能拍出有虚化效果的视频。

● 以更近的距离进行拍摄

在其他条件不变的情况下，手机与被摄对象之间的距离越近，则越容易得到背景虚化效果。下方的一组照片是在其他拍摄参数都不变的情况下，改变手机与被摄对象之间的距离得到的。

通过图4-15~图4-17所示的照片可以看出，当手机离前方摆件越近时，其后方摆件的虚化效果就越好；反之，镜头离前方摆件越远时，则后方摆件的虚化效果就越差。

↑ 图4-15　手机距离前方摆件10cm　　↑ 图4-16　手机距离前方摆件20cm　　↑ 图4-17　手机距离前方摆件40cm

● 让被摄对象远离背景

在光圈、快门速度、感光度等拍摄参数不变的情况下，通过图4-18~图4-20可以看出：后方摆件与前方摆件的距离越远，后方摆件越容易得到虚化效果；反之，如果后方摆件与前方摆件越近，则越不容易得到虚化效果。因此可以说明，背景与被摄对象的距离越远，虚化效果越好；背景与被摄对象的距离越近，虚化效果越差。

↑ 图4-18　前方摆件距离后方摆件35cm　　↑ 图4-19　前方摆件距离后方摆件15cm　　↑ 图4-20　前方摆件距离后方摆件3cm

● 使用长焦进行拍摄

不考虑画质的情况下，5倍长焦拍摄得到的画面的虚化效果比2倍长焦拍摄得到的画面虚化更明显，但由于使用长焦会明显降低画质，因此建议最高使用2倍长焦进行拍摄。

● 使用专业App拍摄

轻颜相机等App具有能模拟背景虚化的功能，但目前效果还不太理想，创作者可以持续关注。

4.7 使用手机录制视频的配件及技巧

由于视频呈现的是连续的动态影像，因此与拍摄静态图片不同，创作者需要在整个录制过程中保持画面稳定且亮度正常，并且还要考虑声音录制的问题。所以，要想用手机拍摄出优质的短视频，需要更多的配件和技巧。

■ 保持画面稳定的配件及技巧

三脚架

进行固定机位的视频录制时，创作者使用三脚架固定手机即可确保画面稳定。

市面上有一种八爪鱼手机三脚架，可以在复杂的环境下使用，非常适合在户外固定机位录制视频时使用，如图4-21所示。

而常规的手机三脚架则适合用于室内录制视频，如图4-22所示。

机位一旦选定，三脚架就可以确保在重复录制时，取景范围不会发生变化。

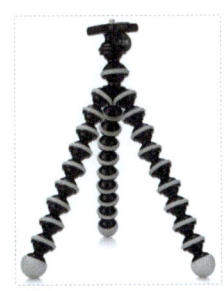

↑ 图4-21 八爪鱼手机三脚架

稳定器

在移动机位进行视频录制时，手机的抖动会严重影响视频的质量，而稳定器可以大幅减少这种抖动，让视频画面始终保持稳定，如图4-23所示。

根据所要拍摄的不同效果，创作者可以设定不同的稳定模式。比如想跟随某人进行拍摄，就可以使用"跟随模式"，稳定、匀速地跟随人物进行拍摄。如果想要拍摄"环视一周"的效果，也可使用该模式。

另外，个别稳定器还具有手动调焦等功能，可以让手机拍摄能轻松实现"希区柯克式变焦"效果。

↑ 图4-22 常规手机三脚架

移动身体而不是移动手机

在手持手机录制视频时，如果需要移动手机进行录制，那么画面很容易出现抖动。建议创作者将手肘放在身体两侧夹住，然后移动整个身体，这样拍摄出来的画面会比较稳定。

↑ 图4-23 稳定器

● 保持画面亮度正常的配件及技巧

利用简单的人工光源补光

在室内进行视频录制时，即便肉眼观察到的环境已经足够明亮，但由于手机的宽容度要比人眼差很多，所以通过曝光补偿调节至正常亮度后，画面往往会出现很多噪点。

如果想获得更好的画质，最好购买补光灯对人物或者其他主体进行补光。如果拍摄时手机距离脸部较近，可以使用环形LED补光灯，如图4-24所示；如果距离较远，则可以使用大功率柔光球灯，如图4-25所示。

如果需要在移动拍摄时补光，可以使用如图4-26所示的可以固定在手机自拍杆上的小补光灯。

一定要注意，导致视频画质较差的首要因素通常不是手机性能较差，而是拍摄环境光线暗淡。因此要拍摄出高质量的视频，在灯光上必须舍得投入。

↑ 图4-24　环形LED补光灯

利用反光板补光

反光板是一种比较常见的低成本补光配件，而且由于用它补的光是反射光，所以光线更加柔和，不会产生明显的阴影。但为了获得较好的效果，反光板需要布置在离主体较近的位置，这就对视频拍摄时的取景有了较高的要求。反光板通常用于固定机位的拍摄（如果是移动机位拍摄，则很容易将反光板也录制进画面中）。

除了使用图4-27所示的专业反光板，创作者还可以在拍摄的时候让主体靠近白墙或者白色窗帘，以获得柔和的反光效果，甚至可以将一张大白纸悬挂在主体面部的周围，以进行补光。

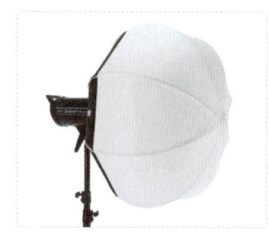

↑ 图4-25　柔光球灯

↑ 图4-26　小补光灯

↑ 图4-27　反光板

● 使用外接麦克风提高音质

在室外录制视频时，如果环境比较嘈杂或者是在刮风的天气下录制，视频会出现噪音。为了避免这种情况，建议使用可连接手机的麦克风进行录制。

安卓手机大多配有Type-C接口，苹果手机则配有Lightning接口，而可以连接手机的麦克风大多仅匹配3.5mm耳机接口，所以创作者还需准备一个转换接头。

此外，也可以使用时下流行的无线麦克风，以便更自由地收音，此类产品通常具有能同时匹配苹果和安卓两类手机的接头，如图4-28所示。

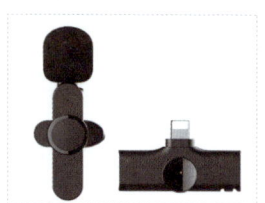

↑ 图4-28　手机用无线麦克风

4.8 设置相机录制视频时的曝光模式

与拍摄照片一样，拍摄视频时也可以采用多种不同的曝光模式，如自动曝光模式（Auto）、光圈优先曝光模式（Av）、快门优先曝光模式（Tv）、全手动曝光模式M等。

如果不太了解曝光要素，可以直接采用自动曝光或程序自动曝光模式。

如果希望精确控制画面的亮度，可以将拍摄模式设置为全手动曝光模式。但在这种拍摄模式下，创作者需要手动控制光圈、快门速度和感光度3个要素，下面分别讲解这3个要素的设置思路。

光圈：如果希望拍摄的视频场景具有电影效果，可以将光圈设置得稍微大一点，如F2.8、F2等，从而虚化背景、获得浅景深效果；反之，如果希望拍摄出来的视频画面远近都比较清晰，就需要将光圈设置得稍微小一点，如F12、F16等。

感光度：在设置感光度的时候，主要考虑的是整个场景的光照条件。如果光线不是很充足，可以将感光度设置得稍微高一点，但此时画面中的噪点会增加；反之，则可以降低感光度，以获得较优质的画面。

快门速度对于视频的影响比较大，下面将进行详细讲解。

4.9 理解相机快门速度与视频录制的关系

在曝光三要素中，无论在拍摄照片还是视频时，光圈、感光度的设置差别都不大，但唯独快门速度对于视频录制有着特殊的意义，因此值得详细讲解。

■ 根据帧频确定快门速度

从视频效果来看，大量摄影师总结出来的经验是应该将快门速度的数值设置为帧频数值2倍的倒数，此时录制出来的视频中运动物体的表现是最符合肉眼观察到的效果的。

比如视频的帧频为25P，那么快门速度应设置为1/50秒（25乘以2等于50，再取倒数，为1/50）。同理，如果帧频为50P，则快门速度应设置为1/100秒。

但这并不是说，在录制视频时快门速度只能锁定不变。在一些特殊情况下，需要利用快门速度调节画面亮度时，在一定范围内对其进行调整是没有问题的。

■ 快门速度对视频效果的影响

降低快门速度可以提高画面亮度

在昏暗环境下录制视频时，如图4-29所示，可以适当降低快门速度以提高画面亮度。但需要注意的是当降低快门速度时，快门速度的数值不能大于帧频数值的倒数。有些相机，例如佳能相机无法设置比1/25秒还低的快门速度，因为佳能相机在录制视频时会自动锁定最低快门速度的数值为帧频数值的倒数。

提高快门速度提高画面流畅度

提高快门速度可以使画面更流畅，但需要指出的是，当快门速度过高时，由于每一个动作都会被清晰定格，会导致画面看起来很不自然，甚至会出现失真的情况。

这是因为人的眼睛在观察景物时会出现视觉暂留现象，也就是当看到高速运动的景物时，会出现动态模糊的效果，如图4-30所示。而当使用过高的快门速度录制视频时，动态模糊效果消失了，取而代之的是清晰的影像。比如在录制人物高速奔跑的影像时，由于双腿每次摆动的画面都被清晰地录制了下来，观众就会看到很多条腿的画面，也就导致了画面失真、不正常的情况。

因此，建议在录制视频时，快门速度最好不要高于最佳快门速度的2倍。

另外，当快门速度提高时，也需要使用更大功率的照明灯具进行补光，以免视频画面变暗。

↑ 图4-29

↑ 图4-30　电影画面中的人物以较快的速度移动时，画面中出现动态模糊效果是正常的

● 拍摄视频时对应帧频推荐的快门速度

上文对于快门速度对视频的影响进行了理论性讲解，这些理论总结如表4-1所示。

表4-1

帧频	快门速度/秒		
	普通视频拍摄	HDR视频拍摄	
		P、Av、B、M模式	Tv模式
119.9P	1/4000~1/125	—	—
100.0P	1/4000~1/100		
59.94P	1/4000~1/60		
50.00P	1/4000~1/50		
29.97P	1/4000~1/30	1/1000~1/60	1/4000~1/60
25.00P	1/4000~1/25	1/1000~1/50	1/4000~1/50
24.00P		—	—
23.98P			

4.10 用佳能相机录制视频的简易流程

下面以佳能EOS 5D Mark IV相机为例,讲解用相机拍摄视频的简单流程。

❶ 设置视频拍摄参数,并开启实时显示模式。

❷ 切换相机的曝光模式为快门自动优先曝光模式(Tv挡)、手动曝光模式(M挡)或其他模式,如图4-31所示,开启"短片伺服自动对焦"。

❸ 将实时显示拍摄/短片拍摄开关转至短片拍摄位置,如图4-32所示。

❹ 通过自动或手动的方式先对主体进行对焦,如图4-33所示。

❺ 按下 START/STOP 按钮,即可开始录制短片,如图4-34所示。再次按下 START/STOP 按钮即可停止录制。

↑ 图4-31 选择合适的曝光模式

↑ 图4-32 切换至短片拍摄模式

↑ 图4-33 在拍摄前可以先进行对焦

↑ 图4-34 录制短片时,屏幕的右上角会显示一个红色的圆

上面的流程虽然看上去很简单,但实际上涉及了若干知识点,如设置视频拍摄参数、设置视频拍摄模式、开启并正确设置实时显示模式、开启视频拍摄自动对焦模式、设置视频对焦模式、设置视频自动对焦灵敏感度、设置录音参数、设置时间码参数等,只有理解并正确设置这些参数,才能够录制出合格的视频。

如果希望深入研究,建议选择更专业的图书进行学习。

4.11 用佳能相机录制视频时视频格式、画质的设置方法

跟设置照片的尺寸、画质一样,录制视频的时候也需要关注视频文件的相关参数。如果录制的视频只是个人使用的普通短片,可能设置为全高清分辨率就足够;但是如果

作为商业短片，则可能需要采用高帧频的4K分辨率。所以在录制视频之前一定要设置好视频的参数。

设置视频格式与画质

创作者通常需要设置视频格式、尺寸、帧频等参数。

下面以佳能EOS 5D Mark IV相机为例讲解操作方法，其他佳能相机的菜单布置及选项可能与此略有区别，但操作方法与选项含义大体相同，如图4-35~图4-39所示。

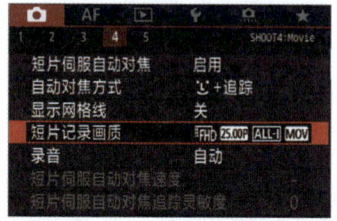

↑ 图4-35　在**拍摄菜单4**中选择"**短片记录画质**"

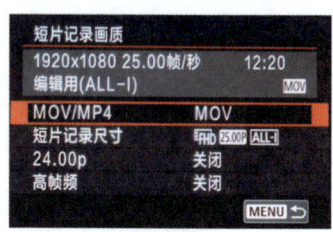

↑ 图4-36　点击选择"MOV/MP4"

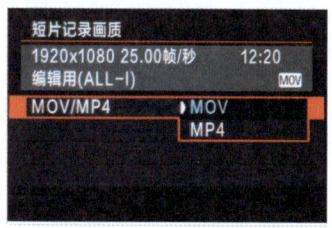

↑ 图4-37　点击选择录制视频的格式

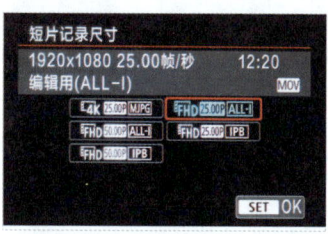

↑ 图4-38　如果在图4-36所示的界面中选择了"**短片记录尺寸**"，则点击选择所需的短片记录尺寸，然后点击 SET OK 确定

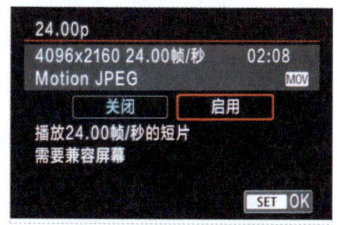

↑ 图4-39　如果在图4-36所示的界面中选择了"24.00P"，则点击选择"启用"或"关闭"，然后点击 SET OK 确定

4.12 用佳能相机录制视频时自动对焦模式的开启方式

佳能最近这几年发布的相机均具有视频自动对焦模式，即当视频中的被摄对象移动时，能够自动对其进行跟焦，以确保被摄对象在视频中的影像是清晰的。

但此功能需要通过"短片伺服自动对焦"开启。下面以佳能EOS 5D Mark IV为例讲解其开启方法，如图4-40和图4-41所示。

将"短片伺服自动对焦"设为"启用"，即可在视频拍摄期间，即使不半按快门按钮，相机也能根据被摄对象的移动状态不

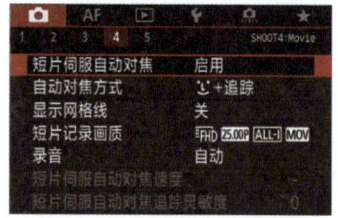

↑ 图4-40　在**拍摄菜单4**中选择"**短片伺服自动对焦**"

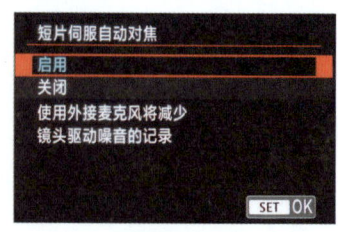

↑ 图4-41　点击选择"**启用**"或"**关闭**"，然后点击 SET OK 确定

断调整对焦，以保证始终对被摄对象进行对焦。

但在使用该功能时，相机的自动对焦系统会持续工作，当不需要对被摄对象进行跟焦，或者需要将对焦点锁定在某个位置时，即可通过按下赋予了"暂停短片伺服自动对焦"功能的自定义按键来暂时关闭该功能。

通过图4-42~图4-44可以看出，笔者拿着红色玩具小车进行不规则运动时，相机是能够准确跟焦的。

如果将"短片伺服自动对焦"设为"关闭"，那么相机只有在半按快门按钮、按下相机背面的AF-ON按钮或在屏幕上点击被摄对象的时候，才能够进行对焦。

例如在图4-45和图4-46中所示，第一次对焦于左上方的安全路障，如果不再次点击其他位置的话，对焦点会一直锁定在左上方的安全路障上，而点击右下方的篮球后，对焦点才会重新对焦在篮球上。

↑ 图4-42

↑ 图4-43

↑ 图4-44

↑ 图4-45

↑ 图4-46

> **提示**：该功能在搭配某些镜头使用时，发出的对焦声音可能会被采集到视频中。如果发生这种情况，建议外接指向性麦克风。

4.13 用佳能相机录制视频时的对焦模式详解

● 选择对焦模式

在拍摄视频时，有两种对焦模式可供选择，一种是单次自动对焦（ONE SHOT），另一种是伺服自动对焦（SERVO），如图4-47所示。

单次自动对焦模式适用于拍摄静止的被摄对象，创作者半按快门按钮时，相机只实现一次对焦，合焦后，自动对焦点将变为绿色。伺服自动对焦模式适用于拍摄移动的被摄对象，只要创作者保持半按快门按钮，相机就会对被摄对象持续对焦，合焦后，自动对焦点将变为蓝色。

↑ 图4-47 设置对焦模式

使用伺服自动对焦模式时，如果配合使用下面将要讲解的 ☺ + 追踪、自由移动 AF( ) 对焦方式，只要对焦框能跟踪并覆盖被摄对象，相机就能够持续对焦。

■ 3 种自动对焦方式

除非以固定机位拍摄风光、建筑等静止对象，拍摄视频时都建议选择伺服自动对焦。创作者可以根据被摄对象或对焦需求，在 3 种不同的自动对焦方式中进行选择。创作者可以在实时取景状态下按下 Q 按钮，点击选择屏幕左上角的自动对焦方式图标，然后在屏幕下方点击选择所需要的选项，如图 4-48~图 4-50 所示；也可以按图 4-51 和图 4-52 展示的菜单操作方法切换自动对焦方式。下面将详解不同自动对焦方式的含义。

↑ 图 4-48　屏幕上显示的是选择 AF☺ (☺ + 追踪) 方式时的状态

↑ 图 4-49　屏幕上显示的是选择 AF( ) (自由移动多点) 方式时的状态

↑ 图 4-50　屏幕上显示的是选择 AF □ (自由移动 1 点) 方式时的状态

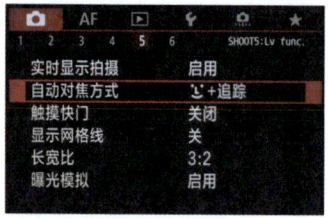
↑ 图 4-51　在拍摄菜单 5 中选择 "自动对焦方式"

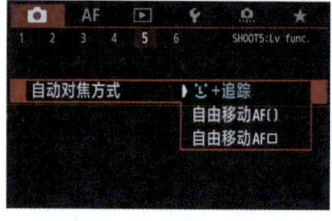
↑ 图 4-52　点击选择一种自动对焦方式

> **提示**：由于佳能 EOS 5D Mark Ⅳ 的液晶监视器屏幕可以进行触摸操作，因此创作者在选择对焦区域时，也可以直接点击液晶监视器屏幕进行选择。

1. ☺ + 追踪

在此方式下，相机优先对被摄人物的脸部进行对焦，即使在拍摄过程中被摄人物的面部发生了移动，自动对焦点也会移动以追踪其面部，如图 4-53 和图 4-54 所示。当相机检测到人物的面部时，在要对焦的面部上会出现 ☺ 自动对焦框。如果检测到多个面部，将显示 ( ) 框，再使用多功能控制钮 ❈ 将 ( ) 框移动到目标面部上即可。如果没有检测到面部，相机会自动切换到自由移动 1 点方式。

↑ 图 4-53

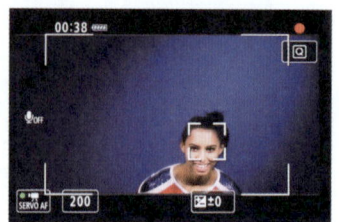
↑ 图 4-54

2. 自由移动 AF（ ）

在此方式下，相机可以采用两种模式对焦：一种是以最多63个自动对焦点对焦，这种对焦模式能够覆盖较大区域；另一种是将液晶监视器分割成为9个区域，创作者可以使用多功能控制钮✻选择某一个区域进行对焦，也可以直接在屏幕上点击不同位置进行对焦，如图4-55和图4-56所示。默认情况下相机会自动选择前者。创作者可以按下多功能控制钮✻或SET按钮，在这两种模式间切换。

 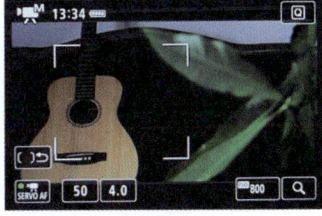

↑ 图4-55　　　　　　　　↑ 图4-56

3. 自由移动 AF □

在此方式下，液晶监视器上只显示1个自动对焦点，创作者可使用多功能控制钮✻使该自动对焦点移至要对焦的位置，并且当自动对焦点对准被摄对象时半按快门按钮即可；也可以直接在屏幕上单击不同位置进行对焦，如图4-57和图4-58所示。如果自动对焦点变为绿色并且相机发出提示音，表明合焦正确；如果没有合焦，则对焦点显示为橙色。

↑ 图4-57　　　　　　　　↑ 图4-58

4.14　用佳能相机录制视频时的录音参数及监听方式

创作者使用相机内置的麦克风可录制单声道声音，将带有立体声微型插头（直径为3.5mm）的外接麦克风连接至相机，则可以录制立体声，然后配合"录音"中的参数设置，如图4-59和图4-60所示，可以实现多样化的录音控制。

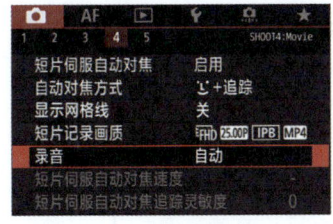 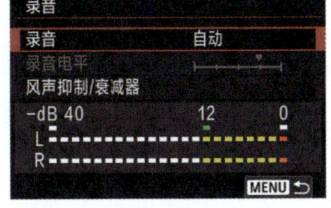

↑ 图4-59　在**拍摄菜单4**中选择"录音"　　↑ 图4-60　点击可选择不同的选项，即可进入参数修改界面

■ 录音／录音电平

在"录音"中选择"自动"，相机将会自动调节录音音量；选择"手动"，创作者则可以在"录音电平"中将录音音量的电平调节为64个等级之一，此操作适用于高水平用户；选择"关闭"，相机将不会记录声音。

■ 风声抑制／衰减器

将"风声抑制"设置为"启用",则可以减少户外录音时的风声噪声,包括某些低音调噪声(此功能只对内置麦克风有效);在无风的场所录制时,建议选择"关闭",以便录制到更加自然的声音。

在拍摄前即使将"录音"设定为"自动"或"手动",如果拍摄场景中有非常大的声音,仍然可能会导致录制的声音失真。在这种情况下,建议将"衰减器"设为"启用"。

■ 监听视频声音

在录制现场收音的视频时,监听视频声音非常重要,而且这种监听需要持续整个录制过程。因为在使用收音设备时,没有更换电池或其他未知因素有可能导致现场声音没有被录制进视频。

有时,现场可能有很低的噪声,这种声音是否被录入视频,一个确认方法就是在录制时监听,另外也可以通过回放来核实。

将配备有3.5mm直径微型插头的耳机连接到相机的耳机端子上,如图4-61所示,创作者即可在拍摄期间听到声音。如果使用的是外接立体声麦克风,创作者可以听到立体声。要调整耳机的音量,创作者可以按 Q 按钮并选择 Ω,然后转动 ◎ 调节音量。

注意:如果创作者将对视频进行专业后期剪辑,那么现场即使录入了很低的噪声也不必过于担心,因为后期剪辑软件可以将这样的噪声轻松去除。

↑ 图4-61 耳机端子

4.15 用索尼相机录制视频的简易流程

下面以索尼 α 7R Ⅳ 相机为例,讲解拍摄视频的简单流程。

❶ 设置视频文件格式及"记录设置"菜单选项。

❷ 切换相机的曝光模式为M挡或其他模式,如图4-62所示。

❸ 通过自动或手动的方式先对主体进行对焦,如图4-63所示。

❹ 按下红色MOVIE按钮开始录制,再次按下红色的MOVIE按钮即可停止录制,如图4-64所示。

在视频拍摄模式下,屏幕上会显示若干参数,了解这些参数的含义有助于创作者快速调整相关参数,以提高录制视频的效率、成功率及品质,如图4-65所示。

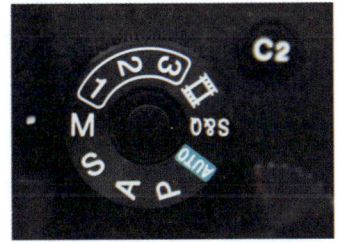
↑ 图 4-62　选择合适的曝光模式

↑ 图 4-63　在拍摄前可以先进行对焦

↑ 图 4-64　按下红色的 MOVIE 按钮即可开始录制

❶ 曝光模式
❷ 动态影像的可拍摄时间
❸ SteadyShot 关 / 开
❹ 动态影像的文件格式
❺ 动态影像的帧速率
❻ 动态影像的记录设置
❼ 剩余电池电量
❽ 测光模式
❾ 白平衡模式
❿ 动态范围优化
⓫ 创意风格
⓬ 照片效果
⓭ ISO 感光度
⓮ 对焦框
⓯ 曝光补偿
⓰ 光圈值
⓱ 快门速度
⓲ 图片配置文件
⓳ AF 时人脸 / 眼睛优先
⓴ 对焦区域模式
㉑ 对焦模式

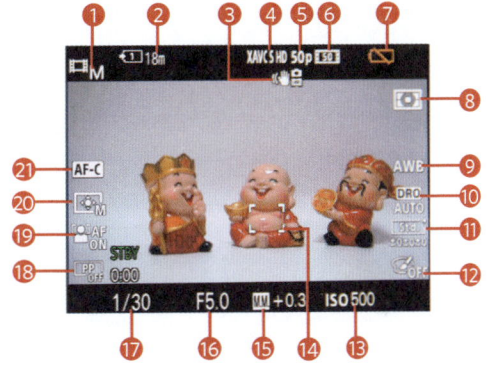
↑ 图 4-65

上面的流程虽然看上去很简单，但实际上涉及了若干知识点，如果读者希望深入研究，建议选择更专业的图书进行学习。

4.16　用索尼相机录制视频时视频格式、画质的设置方法

■ 设置文件格式（视频）

在"文件格式"中可以选择以下 3 个选项，如图 4-66 和图 4-67 所示。

■ XAVC S 4K：以 4K 分辨率记录 XAVC S 标准的 25P 视频。

■ XAVC S HD：以 HD 分辨率记录 XAVC S 标准视频。

■ AVCHD：以 AVCHD 格式录制 50i 视频。

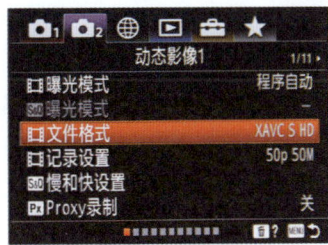
↑ 图 4-66　在**拍摄设置 2 菜单**的第一页中选择"**文件格式**"

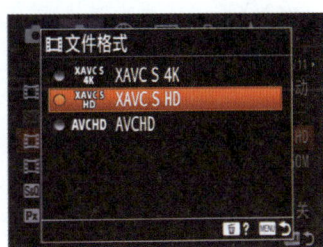
↑ 图 4-67　按▼或▲方向键选择所需文件格式

设置"记录设置"

在"记录设置"中可以设置录制视频的帧速率和影像质量,如图4-68和图4-69所示,以索尼α7R IV相机为例,视频记录尺寸如表4-2所示。

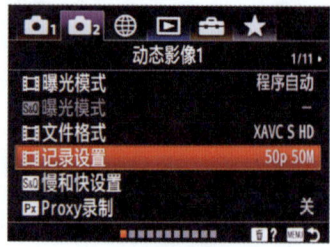

↑ 图4-68 在**拍摄设置2菜单**的第一页中选择"**记录设置**"

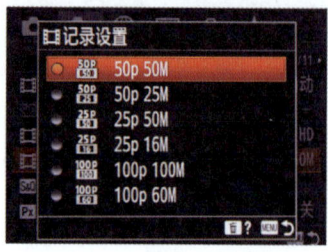

↑ 图4-69 按▼或▲方向键选择所需选项

表4-2

文件格式:XAVC S 4K	平均比特率	记录
25P 100M	100Mbps	录制3840×2160(25P)尺寸的最高画质视频
25P 60M	60Mbps	录制3840×2160(25P)尺寸的高画质视频
文件格式:XAVC S HD	平均比特率	记录
50P 50M	50Mbps	录制1920×1080(50P)尺寸的高画质视频
50P 25M	25Mbps	录制1920×1080(50P)尺寸的高画质视频
25P 50M	50Mbps	录制1920×1080(25P)尺寸的高画质视频
25P 16M	16Mbps	录制1920×1080(25P)尺寸的高画质视频
100P 100M	100Mbps	录制1920×1080(100P)尺寸的视频,使用兼容的编辑设备,可以制作更加流畅的慢动作视频
100P 60M	60Mbps	录制1920×1080(100P)尺寸的视频,使用兼容的编辑设备,可以制作更加流畅的慢动作视频
文件格式:AVCHD	平均比特率	记录
50i 24M(FX)	24 Mbps	录制1920×1080(50i)尺寸的高画质视频
50i 17M(FH)	17 Mbps	录制1920×1080(50i)尺寸的标准画质视频

4.17 用索尼相机录制人物视频时对焦模式的设置方法

当录制以人物为主要被摄对象的视频时,建议按下面的参数进行设置,以确保被摄对象或创作者移动时,相机能够始终将对焦点锁定在人的面部。

下面的讲解以索尼α7 IV相机为例,虽然不同的相机菜单布置会有区别,但操作思路是基本相同的,因此如果各位读者使用的不是索尼α7 IV相机,也可以按相同的思路进行操作。

❶ 选择"对焦"—"人脸/眼部AF"—"AF人脸/眼睛优先",开启人脸面部识别功能,如图4-70所示。

❷ 选择"设置"—"触摸操作"—"拍摄期间的触摸功能",开启触碰跟踪功能,如图4-71所示。

❸ 将对焦模式设置为AF-C连续自动对焦模式。

❹ 根据被摄对象的移动范围选择自动对焦区域模式。如果拍摄的是口播类视频而且人像居中,可以选择"中间自动对焦区域 [ ] "模式。

❺ 拍摄时,触碰屏幕可使被摄对象的面部出现焦点跟踪框,当移动相机时,相机对焦将持续跟踪。

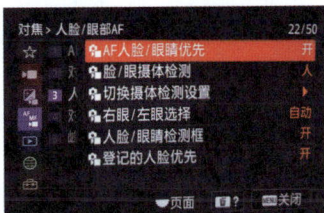
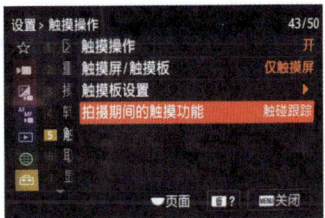

↑ 图4-70 在"**对焦**"的第3页中选择"**人脸/眼部AF**",然后选择"**AF人脸/眼部优先**"

↑ 图4-71 在"**设置**"的第5页中选择"**触摸操作**",然后选择"**拍摄期间的触摸功能**"

4.18 用索尼相机录制视频时的录音设置

■ 开启录音

以索尼 α 7R Ⅳ 相机为例,在录制视频时,可以通过"录音"设置是否录制现场的声音,如图4-72和图4-73所示。

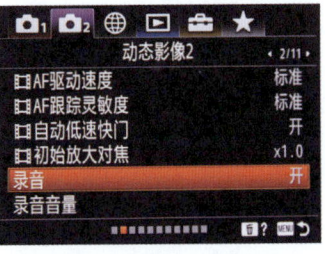
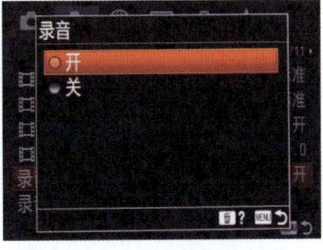

↑ 图4-72 在**拍摄设置2菜单**的第2页中选择"**录音**"

↑ 图4-73 按▼或▲方向键选择"**开**"或"**关**"

■ 减少风声噪声

在"减少风噪声"中选择"开",可以减少通过内置麦克风录制的风声噪声,包括某些低音调噪声;在无风的场所进行录制时,建议选择"关",以便录制到更加自然的声音,如图4-74和图4-75所示。

注意:此功能对外置麦克风无效。

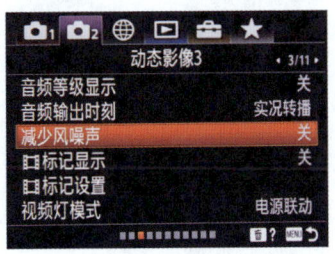
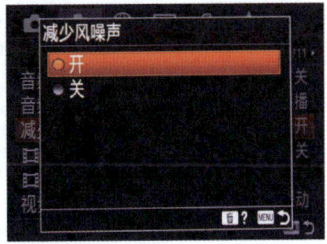

↑ 图4-74 在**拍摄设置2菜单**的第3页中选择"**减少风噪声**"

↑ 图4-75 按▼或▲方向键选择"**开**"或"**关**"

4.19 拍摄视频的两种操作方法及其优缺点

■ 使用手机原生拍摄功能或数码相机拍摄

第一种方法是使用手机的原生拍摄功能或数码相机拍摄,这样拍出来的视频均没有背景音乐文字、特效及音效等,这些都需要通过后期剪辑软件添加。使用这种方法拍摄出来的视频,我们可以把它称为源视频。

在源视频的基础上,创作者可以通过后期剪辑软件的各种功能制作具有不同效果的视频,例如可以调整视频画面的色调,也可以将视频画面的比例转换为16∶9或9∶16,还可以为视频增加不同的背景音乐、配音,或者将视频剪辑为不同的节奏。

用一句话来说,有了源视频,一切皆有可能。

这种方法的缺点也是显而易见的,就是对于创作者的视频剪辑能力有一定的要求。

■ 使用有道具功能的 App 拍摄

第二种方法是使用有道具功能的App拍摄视频,例如,创作者可以打开抖音App,然后点击中间的加号进入视频拍摄界面,选择各种道具进行拍摄。

抖音App的道具功能异常丰富,这也是我们在抖音上看到的许多趣味视频的主要创作方法,图4-76、图4-77展示了笔者使用不同道具拍摄视频的界面。

由于抖音App的道具在不断推陈出新,因此能够不断为平台带来有新鲜感的视频,也能增加视频拍摄乐趣。除了使用道具外,创作者还可以点击拍摄界面下方的"模板",直接套用一个好看的模板进行拍摄,如图4-78所示,这可以大大降低新手的创作门槛。

通过上面的讲述,相信大家也看出来了,使用App拍摄难度低、可玩性强,但缺点也是显而易见的,就是后期剪辑的空间小。创作者可以用这种方法偶尔拍摄自己的日常,但不建议让这类视频成为账号的主要内容。

↑ 图 4-76

↑ 图 4-77

↑ 图 4-78

第 5 章

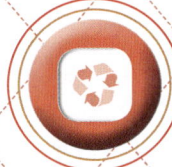

掌握后期，让视频节奏
如行云流水般流畅

5.1 从看客变身创客的第六步——剪出好视频

无论出于哪种原因，发布到抖音等短视频平台上的视频基本上都需要做后期剪辑。目前在剪辑短视频方面使用得较多的软件，一个是剪映，另外一个是Premiere。由于剪映更新迭代迅速、素材丰富，而且上手难度较低，因此目前在短视频后期剪辑领域使用得更多。

考虑到剪映的功能较为强大、丰富，且本书篇幅有限，所以本章仅对其使用方法做简单介绍。

5.2 玩转剪映从认识界面开始

剪映界面由3部分组成，分别为预览区、时间线区域和工具栏。

● 查看后期效果——预览区

预览区的作用在于实时显示视频画面，如图5-1所示。时间轴处于视频轨道的不同位置时，预览区会显示当前时间轴所在那一帧的图像。

可以说，视频剪辑过程中的任何一个操作，都需要在预览区中确定其效果。

点击预览区下方的▶，即可从时间轴当前所处位置播放视频；点击⤺，即可撤回上一步操作；点击⤻，即可在撤回操作后再将其恢复；点击▣可全屏预览视频。

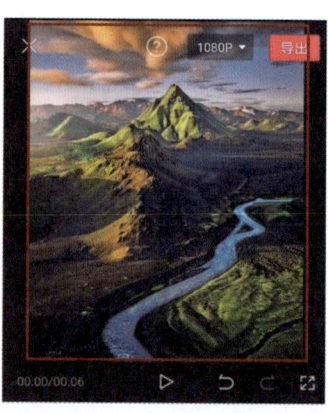

↑ 图 5-1

● 后期操作的"集中地"——时间线区域

在使用剪映进行视频的后期剪辑时，90%以上的操作都是在时间线区域中完成的，该区域范围如图5-2所示。

时间线中的轨道

占据时间线区域较大面积的是各种轨道。图5-2中有图像的是主视频轨道，橘黄色的是贴纸轨道，橘红色的是文本轨道。

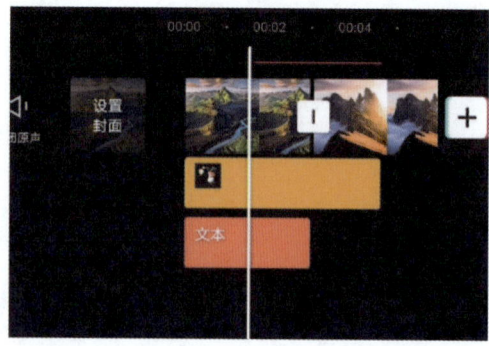

↑ 图 5-2

时间线区域中还有各种各样的轨道，如特效轨道、音频轨道、滤镜轨道等，确定各种轨道上素材的首尾位置即可确定其时长以及效果的作用范围。

时间线区域中的时间轴

时间线区域中竖直的白线就是时间轴，随着时间轴在视频轨道上移动，预览区会显示当前时间轴所在那一帧的画面。创作者在进行视频剪辑，以及确定特效、贴纸、文字等素材的作用范围时，往往都需要将时间轴移动到作用范围开始或结尾的指定位置，然后再将相关轨道的首尾位置分别移动至对应的时间轴位置，以实现精确定位。

时间线区域中的时间刻度

在时间线区域的最上方是一排时间刻度。通过该刻度，创作者可以准确判断时间轴当前所在时间点。但其更重要的作用在于，视频轨道被拉长或者缩短时，时间刻度的跨度也会跟着变化。

当视频轨道被拉长时，时间刻度的跨度最小可以达到1.5帧/节点，有利于精确定位时间轴的位置，如图5-3所示。而当视频轨道被缩短时，则有利于时间轴快速在较大时间跨度内进行移动。

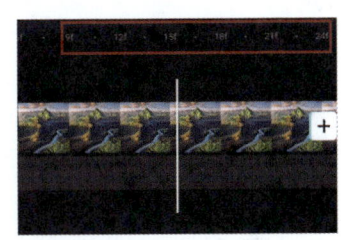
↑ 图5-3

● 多样功能这里找——工具栏

剪映编辑界面的最下方即为工具栏。剪映中的所有功能几乎都需要在工具栏中找到相关选项进行使用。在不选中任何轨道的情况下，显示的为一级工具栏，点击相应选项，即会进入二级工具栏。

值得注意的是，当选中某一轨道后，工具栏会随之发生变化，展示与所选轨道相匹配的工具栏，如图5-4所示为选中视频轨道时的工具栏，而图5-5所示则为选择文本轨道时的工具栏。

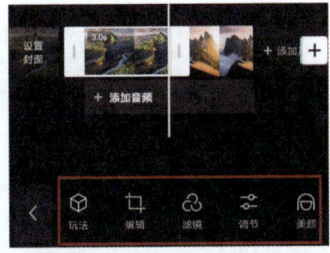
↑ 图5-4

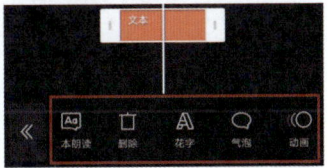
↑ 图5-5

5.3 界面大变样的剪映专业版

剪映专业版相当于将手机版剪映移植到电脑上,所以操作的整体底层逻辑与手机版剪映几乎完全相同,如图5-6所示。但由于电脑的屏幕较大,所以界面会有一定区别。因此创作者只要了解各个功能、选项的位置,在学会手机版剪映操作的情况下,也就自然知道如何通过剪映专业版进行剪辑。

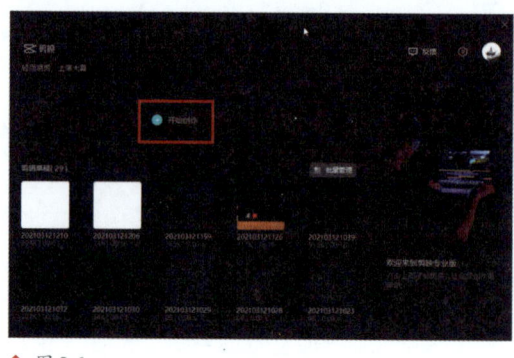

↑ 图 5-6

剪映专业版主要包含6大区域,分别为工具栏、素材区、预览区、细节调整区、常用功能区和时间线区域,如图5-7所示。这6大区域中分布着剪映专业版的所有功能和选项。其中占据最大面积的是时间线区域,而该区域也是视频剪辑的主要"战场"。剪辑的绝大部分工作都是对时间线区域中的轨道进行编辑,从而实现预期的画面效果。双击剪映图标,单击"开始创作",即可进入剪映专业版编辑界面。

❶ 工具栏。工具栏包含媒体、音频、文本、贴纸、特效、转场、滤镜、调节8个选项。其中只有"媒体"没有在手机版剪映出现。单击"媒体"后,可以选择从本地或素材库导入素材至素材区。

↑ 图 5-7

❷素材区。无论是从本地导入的素材，还是选择了工具栏中的"贴纸""特效""转场"等工具后出现的可用素材、效果等，均会在素材区显示。

❸预览区。在剪辑过程中，创作者可随时在预览区查看效果。单击预览区右下角的■可进行全屏预览，点击右下角的 原始 可以调整画面比例。

❹细节调整区。当选中时间线区域中的某一轨道后，创作者即可在细节调整区对该轨道进行细节设置。选中视频轨道、文本轨道、贴纸轨道时，细节调整区分别如图5-8、图5-9、图5-10所示。

❺常用功能区。在常用功能区中，创作者可以快速对视频轨道进行分割、删除、定格、倒放、镜像、旋转和裁减7个操作。

另外，如果出现误操作，单击该功能区中的■，即

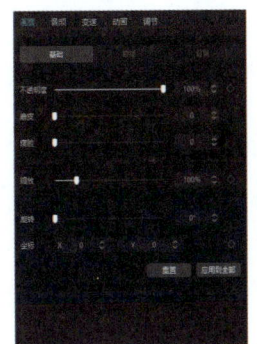
↑ 图5-8

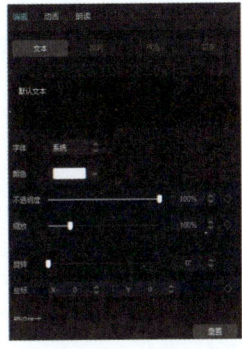
↑ 图5-9

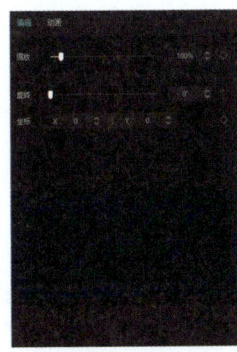
↑ 图5-10

可将上一步操作撤回；单击■，即可将鼠标的功能设置为选择或者是切割。当设置为切割时，在视频轨道上单击，即可在当前位置分割视频。

❻时间线区域。时间线区域包含三大元素，分别为轨道、时间轴和时间刻度。

由于剪映专业版界面较大，所以不同的轨道可以同时显示在时间线区域中，如图5-11所示。这点相比于手机版剪映是明显的优势，可以提高后期剪辑效率。

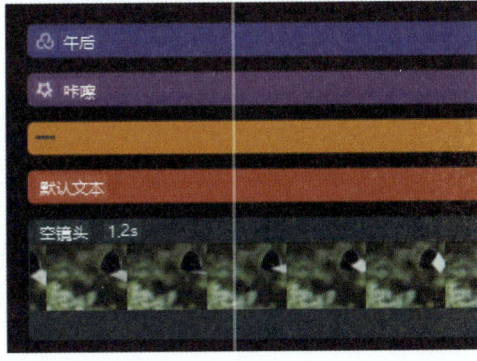
↑ 图5-11

提示：在使用手机版剪映时，由于图片和视频会统一显示在"相册"中，所以"相册"就相当于手机版剪映的素材区。但电脑中并没有一个固定的存储所有图片和视频的文件夹，所以专业版剪映才会有单独的素材区。

因此，使用专业版剪映进行后期剪辑的第一步，就是将准备好的一系列素材，全部添加到素材区中。在后期剪辑过程中，需要某个素材时，直接将其从素材区拖动到时间线区域即可。

另外，如果需要将视频轨道拉长，从而精确选择定位画面中的某个瞬间，可以通过时间线区域右侧的■进行调节。

5.4 精确定位时间点的时间轴

上文已经介绍，时间轴是时间线区域中的重要组成部分。在视频后期剪辑中，熟练运用时间轴可以让素材之间的衔接更流畅，让效果的作用范围更精确。

● 用时间轴精确定位精彩瞬间

截取视频片段时，创作者只需要在移动时间轴的同时观察预览画面，通过画面内容来确定截取的开头和结尾即可。

以图5-12和图5-13为例，利用时间轴可以精确定位到视频中人物从车辆的左后方走到右后方的画面，从而确定所截取视频的开头（11秒过7.5帧）和结尾（14秒过15帧）。

通过时间轴定位视频画面几乎是后期剪辑中的必做操作，因为对于任何一种后期效果，创作者都需要确定其覆盖范围。而确定覆盖范围其实就是利用时间轴来确定效果的起始时刻和结束时刻。

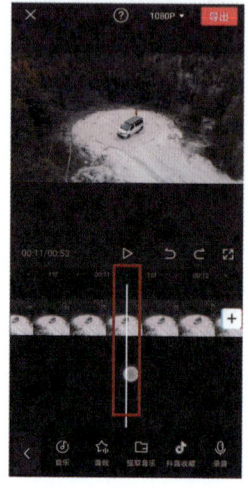
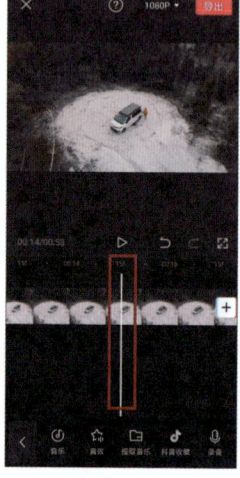

↑ 图5-12　　　　↑ 图5-13

● 让时间轴快速进行大范围跳转

在处理长视频时，由于时间跨度比较大，所以从视频开头让时间轴移动到视频末尾就需要较长的时间。

此时可以将视频轨道缩短（两个手指并拢，同缩小图片操作），从而让时间轴移动的距离变短，就可以实现视频时间的大范围跳转。

比如在图5-14中，由于每一格的时间跨度高达5秒，所以对于一个53秒的视频，就可以在极短时间内将时间轴从开头移动到结尾。

另外，在缩短视频轨道后，每一段视频在界面中显示的长度也变短了，创作者可以更方便地调整视频排列顺序。

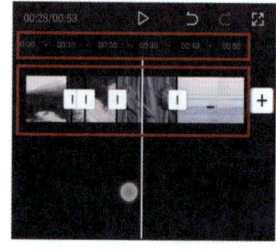

↑ 图5-14

● 以帧为单位进行精确定位

拉长视频轨道后（两个手指分开，同放大图片操作），其时间刻度将以帧为单位显示。视频其实就是连续播放多个画面的过程，组成一个视频的每一个画面被称为"帧"。

使用手机录制的视频，其帧率一般为30fps，也就是每秒连续播放30个画面。

所以，将视频轨道拉至最长，每秒都被分为多个画面来显示，就能大幅提高画面选择的精度。

比如在图5-15展示的18f（第18帧）的画面和图5-16展示的21f（第21帧）的画面就存在细微的区别。而在拉长视频轨道后，创作者可以通过时间轴在这具有细微区别的两个画面中进行选择。

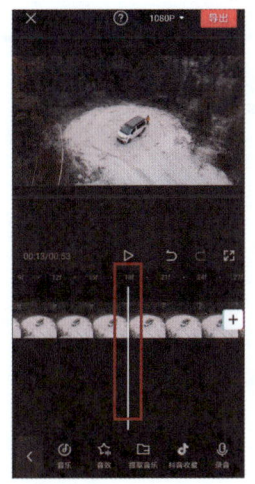 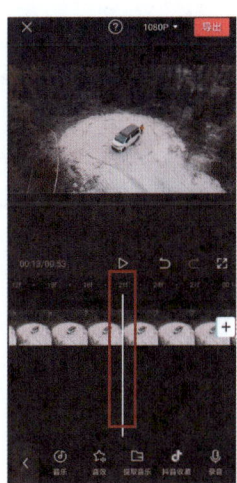

↑ 图 5-15　　　　↑ 图 5-16

5.5 视频剪辑其实就是编辑各种轨道上的素材

视频后期剪辑过程中，绝大多数时间都是在处理轨道上的素材。因此，掌握了对轨道上的素材进行简单操作的方法，就算迈出了视频后期剪辑的第一步。

■ 调整素材的顺序

利用轨道，可以快速调整多段素材的排列顺序。

❶ 缩短视频轨道，让每一段素材都能显示在编辑界面上，如图5-17所示。

❷ 长按需要调整位置的素材，并将其拖曳到目标位置，如图5-18所示。

❸ 手指离开屏幕，即完成对素材顺序的调整，如图5-19所示。

除了调整视频素材的顺序，创作者可以利用相似的方法调整其他轨道上素材的顺序或者改变素材所在的轨道。

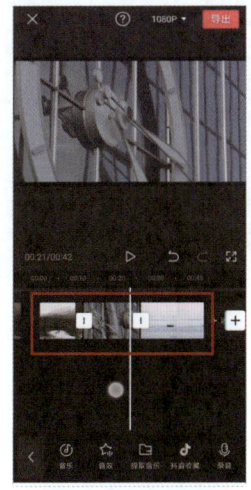  

↑ 图 5-17　　↑ 图 5-18　　↑ 图 5-19

比如图5-20中有两条音频轨道，如果素材在时间线上不会重叠，则可以长按其中一个素材，将其与另一素材放在同一轨道上，如图5-21所示。

↑ 图5-20

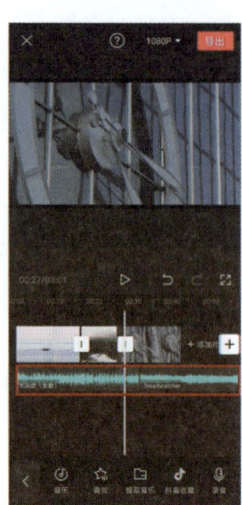
↑ 图5-21

● 调节视频素材的时长

在后期剪辑时，经常会出现需要调整视频长度的情况，下面将介绍快速调节视频素材时长的方法。

❶ 选中需要调节长度的视频素材，如图5-22所示。

❷ 拖动白色边框拉长或者缩短视频素材时，其时长会在左上角显示，如图5-23所示。

❸ 拖动左侧或右侧的边框，即可拉长或缩短视频素材长度，如图5-24所示。需要注意的是，如果视频片段已经完整地出现在白色边框中，则再继续向左或向右拖动边框已无法增加视频的长度。另外，应提前确定好时间轴的位置，当缩短视频长度至时间轴附近时，会有吸附效果。

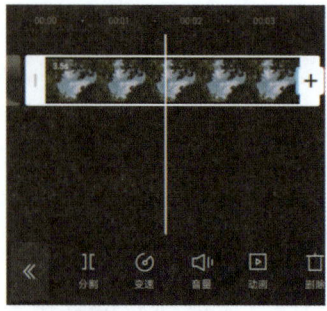
↑ 图5-22

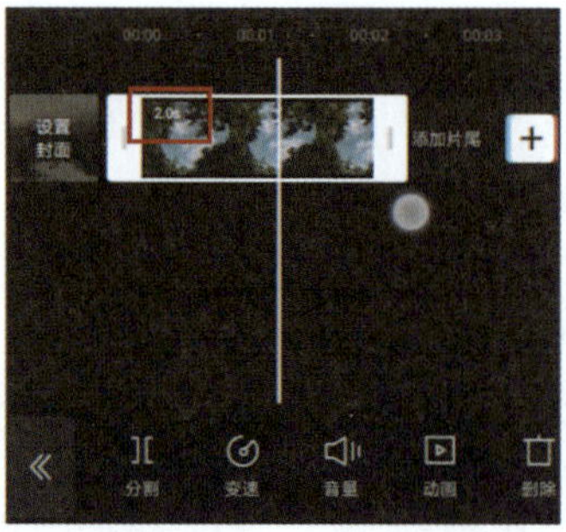

↑ 图5-23

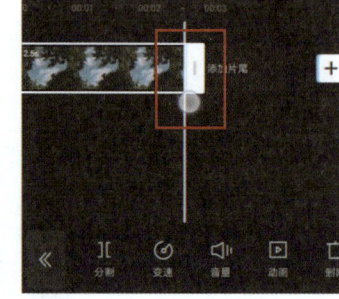
↑ 图5-24

● 调整效果轨道上素材的覆盖范围

无论是添加文字，还是添加滤镜、贴纸等效果，创作者都需要确定其覆盖的范围，也就是确定从哪个画面开始到哪个画面结束应用这种效果。

❶ 移动时间轴确定应用该效果的开始画面，然后长按效果轨道上的素材并拖拽（此

处以特效轨道为例），将素材的左侧与时间轴对齐。当效果轨道上的素材被移动到时间轴附近时，它会被自动吸附过去，如图5-25所示。

❷ 点击效果轨道上的素材，使其边缘出现白色边框。移动时间轴，确定效果覆盖的结束画面，如图5-26所示。

❸ 拉动右侧的白色边框，将其与时间轴对齐。同样，当素材右侧的白色边框被拖动至时间轴附近时，就会被自动吸附，所以不用担心对齐的问题，如图5-27所示。

↑ 图 5-25

↑ 图 5-26

↑ 图 5-27

■ 让一段视频包含多种效果

得益于轨道这一机制，一个视频在同一时间段内可以具有多个轨道，比如音乐轨道、文本轨道、贴图轨道、滤镜轨道等。

所以，当播放这段视频时，就会同时加载覆盖了这段视频的一切效果，最终呈现丰富多彩的视频画面，如图5-28所示。

↑ 图 5-28

5.6 导入素材

■ 导入素材的基本方法

❶ 打开剪映后，点击"开始创作"，如图5-29所示。

❷ 在进入的界面中选择希望处理的素材，然后点击界面下方的"添加"，即可将该素材导入剪映。

当选择了多个素材导入剪映时，其在编辑界面的排列顺序与选择顺序一致，并且在图5-30所示的导入素材界面中也会出现序号。当然，导入素材后，创作者在编辑界面中也可以随时改变素材的排列顺序。

↑ 图5-29

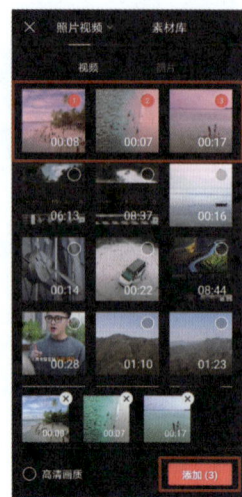
↑ 图5-30

● 导入素材即完成视频制作的方法

创作者使用剪映的"剪同款"功能，可以通过选择"模板"的方式，在导入素材后就自动生成带有特效的视频。

❶ 打开剪映后，点击界面下方的 ▦（剪同款），就会显示多个视频，如图5-31所示。

❷ 选择一个喜欢的视频，点击界面右下角的"剪同款"，如图5-32所示。

❸ 不同的模板需要的素材数量不同，此处所选视频模板需要添加17段素材。选定需要添加的素材后，点击右下角的"下一步"，如图5-33所示。需要注意的是，素材不能多也不能少，必须正好为所需的数量才能够继续进行制作。

❹ 片刻之后，剪映就自动将所选素材剪辑为模板所示的效果。点击"文本编辑"选项，还可以对模板中的文字进行更改，如图5-34所示。

↑ 图5-31

> **提示：** 创作者用"剪同款"功能虽然可以快速得到具有较好效果的视频，但是无法根据自己的需求进行修改。因此，如果想做出完全符合自己预期效果的视频，依然需要对剪映进行学习。另外，如果没有后期剪辑思路，可以去剪同款界面中看一看有哪些好玩的效果，没准儿就会为自己带来灵感。

↑ 图 5-32

↑ 图 5-33

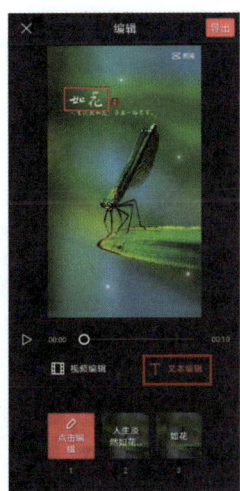
↑ 图 5-34

5.7 设置适合画面内容的画面比例

无论是将制作好的视频发布到抖音还是快手上，都建议将画面比例设置为9∶16。在观众竖持手机时，该比例可以让视频全屏显示。

因为在刷短视频时，大多数人都会竖拿手机，所以9∶16的画面比例对于观众来说更方便观看。

❶ 打开剪映，点击界面下方的"比例"，如图5-35所示。

❷ 在界面下方选择所需的画面比例，建议设置为9∶16，如图5-36所示。

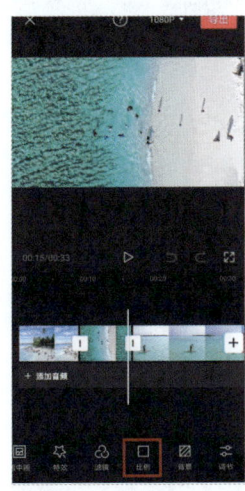
↑ 图 5-35

↑ 图 5-36

5.8 添加背景让黑边消失

在调节画面比例之后，如果原始视频素材画面与所设比例不一致，画面四周可能会出现黑边，防止出现黑边的其中一种方法就是添加背景。

❶ 将时间轴移动到希望添加背景的视频轨道上，点击界面下方的"背景"，如图5-37所示。注意，添加背景时不要选中任何素材。

❷ 从"画布颜色""画布样式""画布模糊"中选择一种背景风格,如图5-38所示。其中"画布颜色"为纯色背景,"画布样式"为有各种图案的背景,"画布模糊"为将当前画面放大并模糊后作为背景。笔者更偏爱选择"画布模糊"风格,因为该风格的背景与画面的割裂感最小。

❸ 此处以选择"画布模糊"为例。当选择该风格后,可以设置背景的模糊程度,如图5-39所示。

需要注意的是,如果此时视频中已经有多段素材,那么背景只会加载到时间轴所在的素材上;如果需要为其余所有素材均增加同类背景,则需要点击界面左下角的"应用到全部",如图5-39所示。

↑ 图 5-37

↑ 图 5-38

↑ 图 5-39

5.9 让视频素材充满整个画面的方法

在统一画面比例后,也可以调整视频画面的大小和位置,使其覆盖整个画布,同样可以避免出现黑边。

❶ 在视频轨道中选中需要调节大小和位置的视频素材,此时预览画面会出现红框,如图5-40所示。

❷ 放大画面,使其填充整个画布,如图5-41所示。

❸ 由于原始画面比例发生了变化,所以要适当调整画面位置,使其构图更好看。在预览区按住画面进行拖动即可调节位置,如图5-42所示。

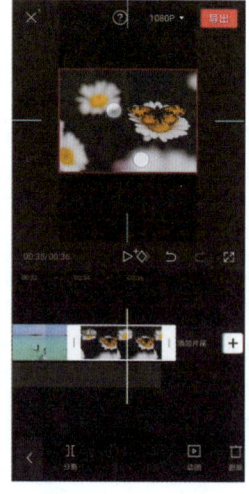
↑ 图 5-40

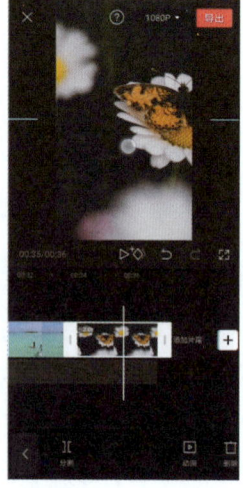
↑ 图 5-41

↑ 图 5-42

5.10 剪辑让多段素材的衔接更流畅

将视频片段按照一定顺序组合成一个完整视频的过程，就叫作剪辑。

即使整个视频只有一个镜头，也可能需要将多余的部分删除掉，或者是将其分成不同的片段重新进行排列组合，进而产生完全不同的视觉效果，这同样是剪辑。

将一段素材导入剪映后，与剪辑相关的工具基本都在"剪辑"中，如图5-43所示。其中常用的工具为"分割"和"变速"，如图5-44所示。

另外，为多段素材之间添加转场效果也是剪辑过程中的重要操作，可以让视频更流畅、自然。图5-45所示即为转场编辑界面。

↑ 图 5-43

↑ 图 5-44

↑ 图 5-45

5.11 为视频润色营造画面氛围

与图片的后期处理相似，一段视频的影调和色彩也可以通过后期处理来调整。

❶ 打开剪映，选中需要进行润色的视频素材，点击界面下方的"调节"，如图5-46所示。

❷ 选择"亮度""对比度""饱和度""光感""锐化"等工具，拖动滑动条，即可实现对画面明暗、色彩等效果的调整，如图5-47所示。

❸ 也可以点击图5-46中的"滤镜"，在图5-48所示的界面中，通过添加滤镜来调整画面的影调和色彩。拖动滑动条可以调整滤镜的强度，从而得到理想的画面色调。

除了改变画面的色彩和影调之外，添加特效、动画、贴纸等，也是为视频润色的常用方法。

↑ 图 5-46

❹ 点击界面下方的"特效"选项，点击不同效果的缩略图即可添加特效，如图5-49所示。

❺ 选中视频素材，点击界面下方的"动画"，即可为画面添加动画，如图5-50所示。

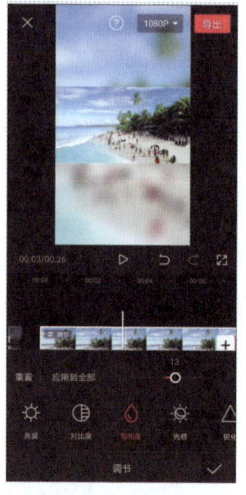
↑ 图 5-47

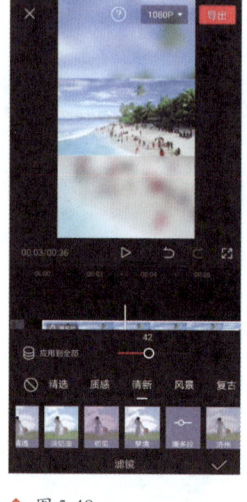
↑ 图 5-48

↑ 图 5-49

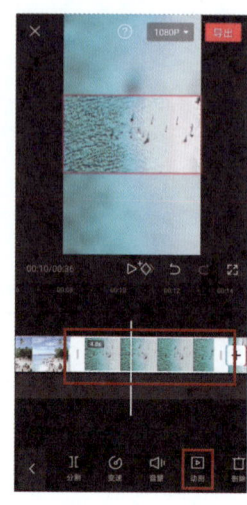
↑ 图 5-50

5.12 添加背景音乐或音效

通过剪辑将多段素材串联在一起，再对画面进行润色之后，视频在视觉上的效果就基本确定了。接下来，则需要为视频添加背景音乐或音效，进一步烘托视频所要传达的情绪与氛围。

❶ 点击视频轨道下方的"添加音频"或界面左下角的"音频"，如图5-51所示，即可进入音频编辑界面。

❷ 点击界面左下角的"音乐"即可选择背景音乐，如图5-52所示。若在该界面点击"音效"，则可以选择一些简短的音频，针对视频中某个特定的画面进行配音。

❸ 进入音乐选择界面后，点击音乐右侧的 ⬇，即可下载该音频，如图5-53所示。

❹ 下载完成后，⬇ 会变为"使用"字样。点击"使用"后，即可将所选音乐添加至视频，如图5-54所示。

↑ 图 5-51

↑ 图 5-52　　　　↑ 图 5-53　　　　↑ 图 5-54

5.13　导出做好的视频

对视频进行剪辑、润色，并添加背景音乐或音效后，就可以将其导出保存或者上传到抖音、快手上进行发布了。

❶ 点击剪映界面右上角的"1080P"，如图5-55所示。

❷ 弹出如图5-56所示的界面，对分辨率和帧率进行设置，然后点击右上角"导出"。一般情况下，分辨率设置为1080p，帧率设置为30就可以。但如果有充足的存储空间，则建议将分辨率和帧率均设置为最高值。

❸ 成功导出后，即可在相册中查看该视频，或者点击"抖音""西瓜视频"直接进行发布，如图5-57所示。若点击界面下方的"更多"，可以将导出的视频直接分享到今日头条上。

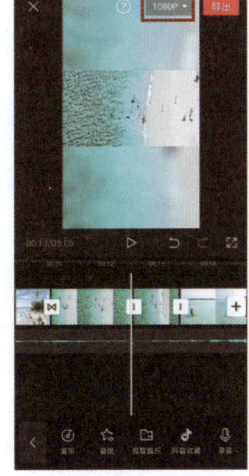

↑ 图 5-55　　　　↑ 图 5-56　　　　↑ 图 5-57

第 6 章

上传视频,从半成品到热门作品

6.1 从看客变身创客的第七步——在抖音上发布视频

经过前面所讲述的创作视频的步骤,接下来就进入发布视频的环节。要将视频发布到抖音等短视频平台上,通常可以使用手机或电脑两个发布渠道。下面分别讲解各渠道的区别。

● 在手机上发布视频——选择并编辑视频

绝大多数视频创作者都是使用手机拍摄、剪辑、上传视频的,所以抖音 App 专门简化了上传视频的步骤,并丰富了上传功能。

在抖音 App 中点击下方的加号,然后点击"相册"就可以选择需要上传的视频。选择视频后,创作者可以根据需要使用滤镜功能调整视频的色调,还可以添加背景音乐或音效、添加封面文字、添加贴纸、对视频进行裁剪,如图6-1~图6-3所示。

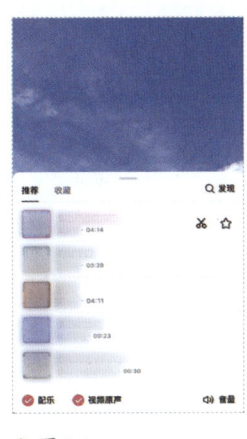
↑ 图 6-1

↑ 图 6-2

↑ 图 6-3

● 在手机上发布视频——填写并设置相关选项

当选择好视频,或者编辑完视频后,可以点击"下一步"进入发布视频的设置界面,如图6-4所示。

在这个界面中,创作者需要完成封面选择、标题填写、话题输入、位置定位添加、热点关联、标签添加等设置。

笔者在文案讲解相关章节已详细讲解了标题的撰写方法,所以在这里就不再赘述。

关于封面以及话题,后面的章节还有详细的讲解,在此先行跳过。

添加位置/门店推广

如果希望推广视频拍摄地点,创作者可以添加一个位置定位。

如果所拍摄的视频是为了推广线下的团购订单,则可以添加对应的门店,关于这一点本书最后一章还有详细讲解。

↑ 图 6-4

申请关联热点

关联热点可以使视频出现在与热点相关的视频合集中，会为视频带来巨大的流量。但选择的热点必须跟视频内容紧密相关，否则将无法通过审核。

添加标签

如果发布的是带货视频，而且创作者已经开通了商品橱窗，可以在"添加标签"界面选择"商品"。此外，可以选择"团购""购票"等标签以帮助账号获得佣金收入，如图6-5所示。

↑ 图6-5

视频查看权限

如果创作者不希望发布的视频被自己的同事或朋友看见，可以关闭"推荐给可能认识的人"。

此外，如果创作者不希望别人看到自己发布的视频，则可以选择"私密·仅自己可见"。

创作者还可以通过设置"不给谁看"来精准屏蔽某些抖音账号，如图6-6所示。

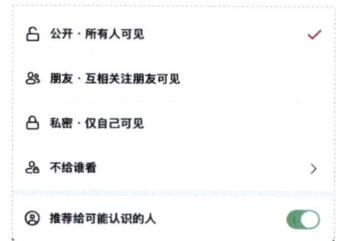

↑ 图6-6

作品同步

创作者如果还有西瓜视频和今日头条账号，并且已经将抖音号绑定了上述账号，就可以打开"发布至西瓜视频和今日头条"开关，一键将作品同时发布到3个平台上，如图6-7所示。

如果创作者已经加入了"中视频伙伴计划"，则需要打开"原创内容"。关于"中视频伙伴计划"的详细讲解，请参考本书最后一章。

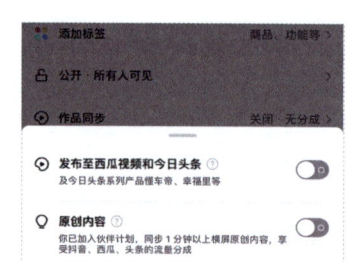

↑ 图6-7

高级设置

点击"高级设置"后会显示如图6-8所示的相关参数选项，这里比较重要的选项是图6-8中所示的笔者打开的3个选项。

有一些创作者会故意关闭"允许下载"，以防止自己的视频被盗用。这是可以理解的，但关闭这个选项会导致视频的转发数据下降，所以创作者需要酌情设置。

↑ 图6-8

设置视频封面

点击界面右上角视频缩览图下方的"选封面",即可进入视频封面选择及封面文字编排界面。

关于封面制作,本章最后一节有详细讲解。

■ 在电脑上发布视频

与普通的个体视频创作者不同,许多MCN机构都是在电脑上发布视频的。

下面简单讲解在电脑上发布视频时需要注意的一些事项。

要在电脑上发布短视频,需要进入抖音创作服务平台。

单击平台界面左侧的"发布视频"即可进入发布流程,如果已经加入了中视频伙伴计划,需要通过平台界面右侧的"中视频伙伴计划"发布入口发布视频,如图6-9所示。

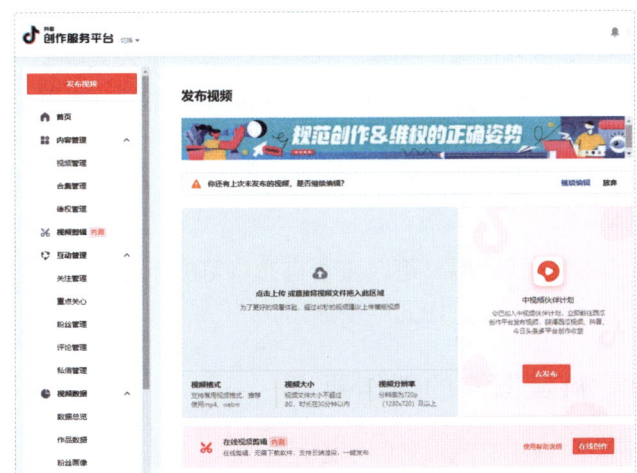

↑ 图6-9

选择要上传的视频后,就可以进入如图6-10所示的发布视频界面。

可以看出来,这个界面上大部分选项与前面讲述过的手机发布视频界面中相同,其意义也基本一致,在此不再赘述。

需要特别指出的是,在电脑端发布视频可以选择视频合集,而且可以选择发布时间,从而实现按预定时间发布多条视频的效果,这个功能对于需要运营多个账号的MCN机构尤其实用。

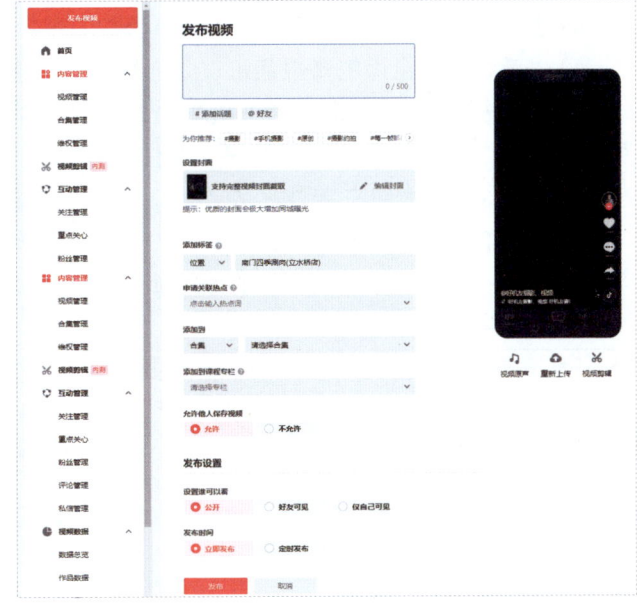

↑ 图6-10

6.2 在抖音上发布图文内容

抖音上除了可以发布视频外，还可以发布图文内容，这个功能大大降低了内容创作的难度。

■ 什么是抖音图文

抖音图文是一种只需要发图并编写配图文字，即可获得与视频相同推荐流量的内容创作形式，其视觉效果类似于自动翻页的PPT。对于不擅于制作视频的创作者来说，抖音图文大大降低了创作门槛。

在抖音中搜索"抖音图文来了"即可找到相关话题，如图6-11所示。

↑ 图6-11

点击话题后，可以查看官方认可的示范图文，按同样的方式进行创作即可，如图6-12所示。

↑ 图6-12

■ 抖音图文的创作要点

抖音图文的形式特别适用于表现总结、展示类内容，如菜谱、拍摄技巧、常用化妆技巧等。

因此，在创作时要注意以下几个要点。

❶ 图片精美，且张数不要少于6张，否则内容会略显单薄。

❷ 一定要配上合适的背景音乐，以弥补画面动感不足的缺点。

❸ 视频标题要尽量将内容干货写全。例如，图6-13所示的图文讲解的饼干制作方法，标题中就用大量文字讲解了要点。

❹ 发布内容时，一定要加上话题"#抖音图文来了"。因为在前期推广阶段，此类内容会获得平台的流量扶持。

❺ 如果要在图片上添加文字，一定要考虑阅读时的可辨识性。例如，图6-14所示的图片上，文字就略显多了。

↑ 图6-13

↑ 图6-14

6.3 用音乐助力短视频

短视频的背景音乐可以在后期剪辑的过程中添加，也可以在上传视频时添加。考虑到大多数新手创作者是在上传视频时添加的，因此将关于音乐的内容放在本章进行讲解。

■ 音乐对于短视频的重要性

短视频之所以让人着迷，一方面是因为内容新颖别致，另一方面则是由于短视频有适配的背景音乐或音效。

想要理解音乐对于短视频的重要作用，一个简单的测试方式就是在看短视频时把手机调成静音模式，那些平时让你会心一笑的短视频瞬间会变得索然无味。

所以提升音乐素养是每一个创作者的必修课。

■ 短视频音乐的类型

短视频的音乐可以分为两类，一类是背景音乐，另一类是音效。

背景音乐

背景音乐又称伴乐、配乐，是指视频中用于调节气氛的一种音乐，能够增强情感的表达，让观众身临其境。使用剪映制作短视频时，可以添加各种类型的背景音乐，如图6-15所示。

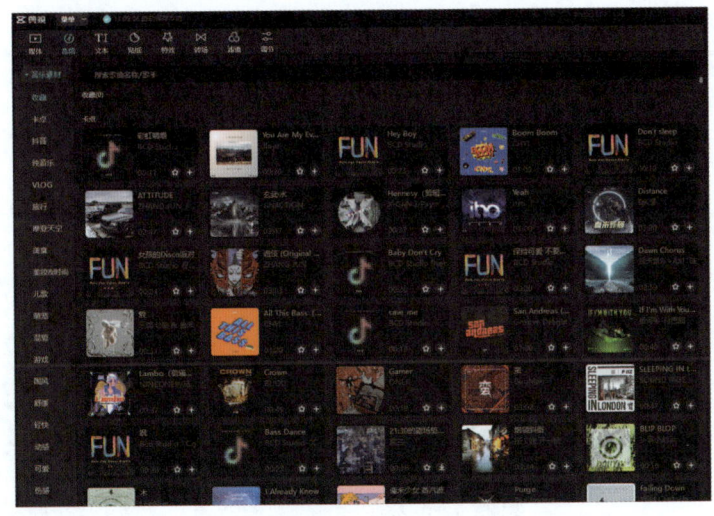

↑ 图6-15

音效

音效是指由声音制造的效果，用于增强画面的真实感、气氛或戏剧性效果。比如常见的快门声音、敲击声音，综艺节目中常用的爆笑声音等，都是常用的音效。

使用剪映制作短视频时，可以直接添加各类音效，如图6-16所示。

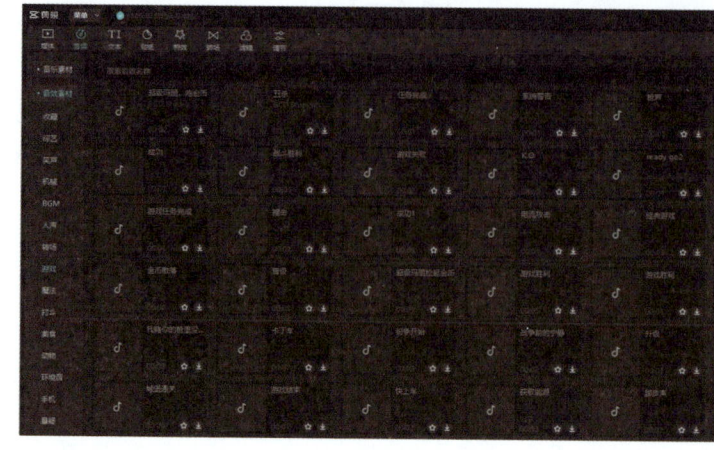

↑ 图6-16

■ 用这4招让背景音乐匹配视频

情绪匹配

如果视频主题是气氛轻松愉快的朋友聚会，背景音乐显然不应该选用比较悲伤或者太过激昂的音乐，而应该是轻松愉快的钢琴曲或者流行音乐，如图6-17所示。在情绪匹配方面，大部分创作者其实都不会出现明显的失误。

创作者可能遇到的问题在于有一些音乐具有多重情绪，至于它会激发听众哪一种情绪，则取决于听众当时的心情。所以对于这一类音乐，如果没有太大把握，创作者应该避免使用，而应多使用情绪倾向非常明确的背景音乐。

节奏匹配

所有音乐都有非常明显的节奏和旋律，创作者在为视频匹配音乐时，最好通过后期剪辑使音乐的节奏与视频画面的切换节奏相匹配。

这方面最典型的案例就是在抖音上火爆的卡点短视频。这些卡点短视频能够使视频画面的切换节凑完美匹配音乐节奏，图6-18所示为可以直接使用的剪映卡点视频模板。

↑ 图6-17

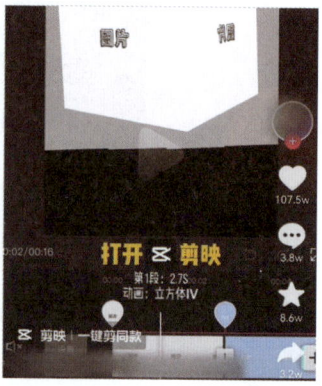

↑ 图6-18

高潮匹配

几乎每一首音乐都有旋律上的高潮部分，创作者在选择背景音乐时，在音乐时长远超视频时长的情况下，如果从头播放音乐，则音乐还没有播放到最好听的高潮部分视频就结束了，这样显然就起不到用背景音乐为视频增光添彩的作用。所以创作者在这种情况下要对音乐进行截取，以使音乐最精华的高潮部分与视频的高潮部分相匹配。

风格匹配

简单来说，风格匹配就是背景音乐的风格要匹配视频的风格，例如一个无论是场景还是出镜人物都非常时尚的短视频，显然不应该用古风的背景音乐，古风类视频与古风背景音乐显然更加协调，如图6-19所示。

↑ 图6-19

6.4 用抖音话题提高曝光率

■ 什么是话题

在抖音视频标题中，#符号后面的文字被称为话题，其作用是便于抖音将视频归类，并便于观众在点击话题后，快速浏览同类话题视频。图6-20所示的标题中含有健身、学习话题。

所以，话题的核心作用是分类。

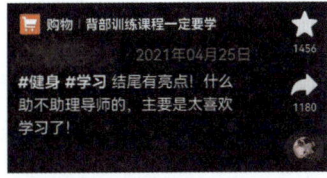

↑ 图6-20

■ 为什么要添加话题

添加话题有以下两个好处。

❶ 便于抖音精准推送视频。由于话题是比较重要的关键词，因此抖音会依据视频标题中的话题，将其推送给浏览过此类话题的人群。

❷ 便于观众搜索浏览。当观众在抖音中搜索某一个话题时，添加此话题的视频均会显示在搜索结果列表中，如图6-21所示。如果在这个话题下创作者的视频较为优质，就会出现在较靠前的位置，从而获得更多的曝光机会。

→ 图6-21

如何添加话题

在手机端与电脑端均可添加话题。两者的区别是，在电脑端添加话题时，系统推荐的话题更多、信息更全面，这与手机屏幕较小、显示太多信息会干扰发布视频的操作有一定关系。所以下面以电脑端为主讲解发布视频时添加话题的相关操作。

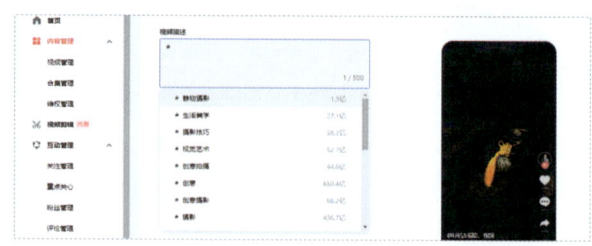

↑ 图 6-22

创作者在电脑端抖音创作服务平台上传一个视频后，抖音会根据视频中的字幕与声音自动推荐若干个话题，如图 6-22 所示。

由于推荐的话题大多数情况下都不够精准，所以创作者可以输入视频的关键词以查看更多推荐话题，如图 6-23 所示。

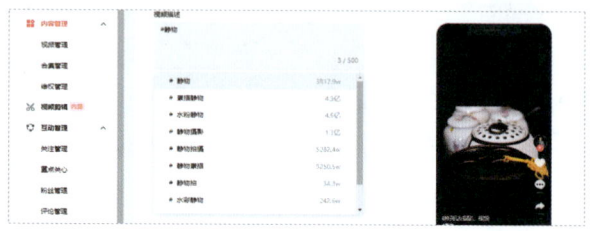

↑ 图 6-23

创作者可以在标题中添加多个话题，但要注意话题会占用标题字数。图 6-24 所示的几个话题一共就占用了 58 个字符。

↑ 图 6-24

话题选择技巧

在添加话题时，不建议选择播放量已经十分巨大的话题，除非对自己的视频质量有十足信心。

话题的播放量巨大，意味着与此话题相关的视频数量很多，即使有观众通过搜索找到了话题，看到你的视频的概率也比较小。因此，不如选择播放量级还在数十万或数万的话题，以增加曝光概率。

例如，在本例中"静物摄影"话题的播放量已达 1.3 亿，因此不如选择"静物拍摄"话题，如图 6-25 所示。

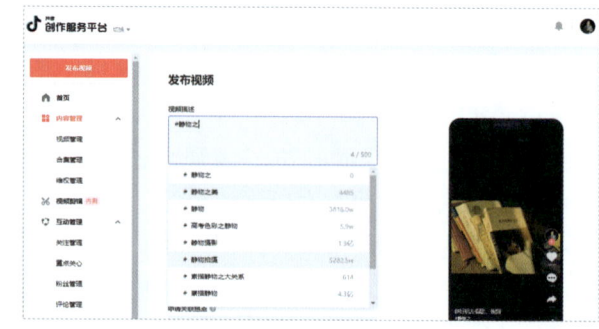

↑ 图 6-25

● 话题创建技巧

虽然抖音上的内容已经极其丰富,但仍然存在大量话题空白,因此创作者可以自行创建与自己视频内容相关的话题。

例如,笔者创建了一个"相机视频说明书"话题,并在每次发布相关视频时都添加此话题,经过半个月运营,话题播放量达到了近140万,如图6-26所示。

同理,创作者还可以以地域+行业的形式创建话题,并通过不断发布视频,使话题成为当地用户的一个搜索入口,如图6-27所示。

↑ 图6-26

↑ 图6-27

6.5 制作视频封面的4个关键点

● 充分认识封面的作用

如前所述,粉丝典型的关注路径是,看到视频—点击创作者头像打开主页—查看账号简介—查看视频列表—点击关注。

在这个路径中,主页的装修质量在很大程度上决定了粉丝是否要关注此账号。因此,每一位创作者都必须格外注意自己视频的封面在主页上的呈现效果。

整洁美观是最低要求,如图6-28所示,能够给人个性化的独特感受则更是加分项。

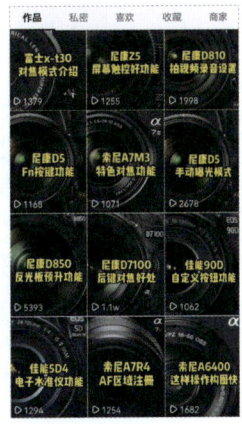

↑ 图6-28

● 抖音视频封面的尺寸

如果视频是横画幅的,则对应的封面尺寸最好是1920像素×1080像素;如果是竖画幅的,则应该是1080像素×1920像素。

封面的动静类型

动态封面

如果在手机端发布短视频，点击"编辑封面"后，可以在视频现有画面中选择，如图6-29所示，从而生成动态封面。

不过这种封面会使主页显得非常凌乱，不推荐使用。

静止封面

如果在电脑端的抖音创作服务平台上传视频，则可以通过上传照片制作出风格独特或有个人头像的封面，这样的封面有利于塑造个人IP形象，如图6-30所示。

↑ 图6-29

↑ 图6-30

封面的文字标题

在上面的示例中，各个封面中均有整齐的文字标题，但实际上，并不是所有的短视频都需要在封面上设计标题。对于那些记录生活搞笑片段的账号，或以直播为主的账号，其视频封面大多数不需要有文字标题。

如何制作个性封面

有设计能力的创作者，除了可以使用Photoshop等软件从零开始制作个性封面外，还可以在提供源文件的网站上下载模板源文件，通过修改快速获得个性封面。

第 7 章

精研运营，
从破500到10万+

7.1 视频互动率是什么

和完播率一样，互动率是影响视频推荐的主要指标之一，它由3个因素构成：点赞率、评论率、转发率。这些数据反映了观众对于视频的喜好程度，从而间接证明了视频的质量。

一个内容平台想要长久发展，除了内容的数量以外，内容的质量也是非常关键的一个因素，否则即使内容数量再多，内容质量不佳的平台对于观众来说也不具备有长期吸引力。

由于抖音采取的是机器分发算法，因此创作者没有办法依据内容本身来判断一个视频是优质还是劣质的。目前可采取的方法就是通过视频互动率来判断，即，在默认情况下，互动率高的视频就是优质视频。

虽然这样的方法也有一定的弊端，比如某些创作者故意在视频中留下破绽以引发讨论，或者故意通过视频的内容文案调动观众的情绪来引发讨论，从而拉高视频的互动率。

目前来看，抖音尚没有非常有效的措施来规避这种不太合理的做法，对于创作者来说，关注自己视频的互动率仍然具有非常重大的意义。

视频互动率最直观的体现就在于视频播放界面显示出来的各项数据，如图7-1所示。很显然，像图中所示的这样点赞量达到223.5万的视频，一定是一个播放量很高的爆款视频。而一个新手发布的视频，很可能各项数据都比较差，如图7-2所示。

↑ 图 7-1

↑ 图 7-2

7.2 4个技巧提高短视频完播率

■ 认识短视频完播率

对于平台而言，视频的长短并不是判断视频是否优质的指标，长视频可能是"注了水"的，而短视频也可能满是干货。所以视频长短对于平台来说没有太大意义，完播率才是视频优质与否比较重要的判断依据。

创作者如果想让一个视频获得更多流量，必须关注完播率，那么什么是完播率呢？

打开抖音App，点击"我"，在最近发布的任意一条视频右下角点击三个点图标，然后点击"数据分析"，向下拖动，直至显示如图7-3所示的"播放诊断"相关数据。

图7-3中的曲线就是完播率曲线。创作者点击曲线上的不同位置，就可以看到当前时间点的完播率，即看到该时间点的观众占所有观众的百分比。

比如一个视频播放到了30秒还有90%的观众在看，那么30秒的完播率就是90%；播放到了60秒还有40%的观众在看，那么60秒的完播率就是40%。

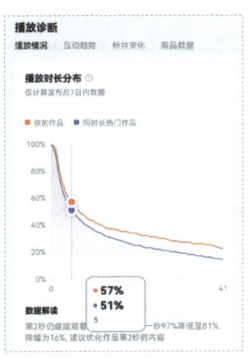

↑ 图7-3

如果你的作品的完播率曲线（橙色）整体处于同时长热门作品的完播率曲线（蓝色）上方，则证明这条视频比大多数的热门视频都更受欢迎，自然也会获得更多的流量倾斜。相反，如果橙色曲线处于蓝色曲线下方，则证明该视频的完播率较低，创作者需要找到完播率大幅降低的时间点，并对内容进行改良，争取留住观众，整体提高完播率曲线。

点击"播放时长分布"右侧的 ⓘ 图标，创作者即可在弹出的提示页面中看到关于曲线的详细说明，如图7-4所示。这里所给出的曲线针对的是时长在60秒之内的视频，超过60秒的视频的数据需要到电脑平台上查看。

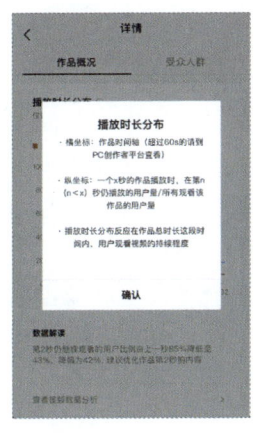

↑ 图7-4

下面介绍4种提高视频完播率的方法。

■ 宁短勿长

在创作视频时，10秒能够讲清楚的事情、表现清楚的情节，绝对不要拖成11秒，因为有时哪怕多1秒，完播率也可能会下降。

■ 因果倒置

所谓因果倒置，其实就是倒叙，即短视频开始时首先抛出结果，比如图7-5所示的标题为"一条视频卖出快200万的货，抖音电商太强大了"的视频，就是先把结果（或效果）表述清楚，充分调动了观众的好奇心之后，然后再从头讲述。

↑ 图7-5

标题写满

很多观众在观看视频时，并不会只关注画面，而也会阅读视频的标题，从而了解这个视频究竟讲了哪些内容。

标题越短，观众阅读标题时所花费的时间就越少；反之，标题如果被写满了，那么就能够在一定程度上留住观众。如果视频本身就不长，只有几秒，那么当观众阅读完写满了的标题后，可能这个视频就已经播完了，这样也能够提高完播率，如图7-6所示。

↑ 图 7-6

视效新颖

无论是人们现在正在听的故事还是正在看的电影，其中发生的事情可能在其他的故事和电影中都已经发生过了。那么为什么人们还会愿意去听这些"旧"故事，看这些"旧"电影呢？就是因为其表现手法或画面表现风格是新颖的。

所以创作者在创作短视频时，一定要思考是否能够运用更新鲜的表现手法或者画面创意，从而提高视频完播率。

比如图7-7所示为通过一种新奇方式自拍的视频，自然能吸引观众观看。

↑ 图 7-7

7.3 7个技巧提高视频评论率

用观点引发讨论

创作者可以在视频中提出观点，引导观众进行评论。比如可以在视频中这样说："关于某某某问题，我的看法是这样的，不知道大家有没有什么别的看法，欢迎在评论区与我交流。"

在这里要评估自己提出的观点是否能够引起讨论。例如在摄影行业里，大家经常会争论摄影前期和后期哪个更重要，那么以此为主题做一期视频，必定会有很多观众进行讨论。又比如，佳能相机是否比尼康相机好，索尼相机的视频拍摄功能是否比佳能相机强大？去亲戚家拜访能否空着手？结婚是不是一定要先有房子？这些问题关注度很高，本身也没有标准答案，因此能够引起大家的广泛讨论。

● 利用"神评论"引发讨论

首先自己准备几条"神评论",当视频发布一段时间后,利用自己的小号发布这些"神评论",引导其他观众在这些评论下进行跟帖交流。例如图7-8所示的评论获得了10.3万点赞,图7-9所示的评论获得了58.4万点赞。

↑ 图7-8

↑ 图7-9

● 在评论区开玩笑

创作者可以在评论区以故意说错或者算错的方式开玩笑,引发观众在评论区进行追评。

例如图7-10和图7-11所示的评论区,创作者发表了100×500=50万的评论,引发了大量追评。

↑ 图7-10

↑ 图7-11

● 卖个破绽诱发讨论

创作者可以在视频中故意留下一些破绽,比如说故意拿错什么,故意说错什么,或者故意做错什么,从而留下一些能够"吐槽"的点。

绝大部分观众都以能够为视频纠错而感到自豪,因为这是证明他们能力的一个好机会。当然,这些破绽不能影响视频的质量,包括IP人设。

比如图7-12所示的视频,由于透视问题引起了很多观众的讨论。

而图7-13所示的视频是主播故意将"直播间"说成了"直间播",引发观众在评论区讨论。

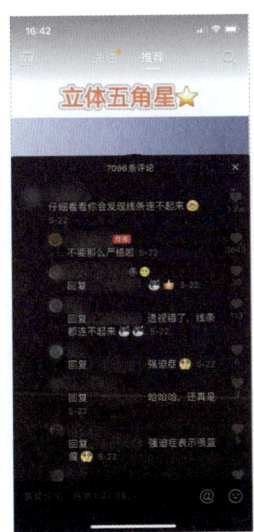
↑ 图7-12

↑ 图7-13

● 在视频里引导评论分享

创作者可以在视频里通过语言或文字引导观众评论或将视频分享给自己的好友观看。

图7-14和图7-15为一个美容灯的视频评论区,可以看到大量观众@自己的好友。而这个视频也因此获得了高达4782条评论、19W点赞与4386次转发,数据可谓很不错。

● 在评论区发"暗号"

创作者可以在视频里通过语言或文字引导观众在评论区留下"暗号",例如图7-16所示的视频创作者要求观众在评论区留下软件名称"暗号"。

图7-17所示为观众在评论区发的"暗号"。创作者使用此方法不仅获得了大量评论,而且收集了后续可用于针对性精准营销相关课程的用户信息,可谓一举两得。

↑ 图7-14　　　　↑ 图7-15

↑ 图7-16　　　　↑ 图7-17

● 在评论区刷屏

创作者可以在评论区内发布多条评论"刷屏",如图7-18和图7-19所示。

采用这种方式自己发布多条评论后,视频浏览页面的评论数就不再是0,具有吸引观众点击评论区的作用。

不过应注意发布的评论要针对不同的人群进行撰写,以覆盖更广的范围。

↑ 图7-18　　　　↑ 图7-19

7.4 4个技巧提高视频转发率

为什么有些视频转发量很高,有些视频却没几个人转发?这是由内容本身导致的。

无论出于什么样的目的,被转发的永远是内容本身,所以每一个创作者在构思内容、创作脚本时,无论是以视频为载体,还是以文字为载体,都要先问自己一个问题:如果自己是观众,是否会把这个视频(这篇文章)转发到自己的朋友圈,推荐给自己的同事或亲朋好友?

只有在得到肯定的答案后,这样的内容才值得花更多时间进行深度创作。

■ 让内容激发情绪

有感染力的内容经常能够激发人们的即时情绪,这样的内容不仅会被大范围谈论,更会被大范围传播,所以创作者需要用一些情绪事件来激发人们的分享欲望。

研究表明,如果短视频可以让观众产生以下5种强烈的情绪中的至少一种,即惊奇、兴奋、幽默、愤怒、焦虑,就比较容易被转发。

这其中效果比较明显的是幽默情绪。在短视频平台上,一个能让人会心一笑的幽默短视频,比其他类型的短视频转发率至少高35%。

■ 让内容有正能量

几乎所有短视频平台对视频的引导方向都是正向的,例如抖音的宣传口号就是"记录美好生活",所以有正能量内容的视频更容易获得平台的支持与观众的认可,如图7-20所示。

↑ 图 7-20

■ 让内容有实用价值

"如果重度失眠,不妨听听这3首歌,相信你很快就会入睡。"看到这样的内容,你是不是也想马上转给身边的朋友?要想提高转发率,一个常用的方法就是让视频讲干货。

第7章　精研运营，从破500到10万+

● 让内容更容易被认可

无论是在哪个国家或地区，有许多理念是被共同认可的，如爱、奉献、不能恃强凌弱等。如果视频的内容符合这些理念，则比较容易引起共鸣。

招商银行曾经发布了一条名为"世界再大，大不过一盘番茄炒蛋"的视频，不仅获得了过亿的播放量，还夺得了广告影片金狮奖的评审团大奖，如图7-21所示。正是因为这条视频融入了对亲情的诠释，才能被广大观众认可。

↑ 图7-21

7.5 用合集功能提升播放量

创作者可以将内容相关的视频做成合集，这样无论用户打开哪一条视频，都会在视频的下方看到合集的名称，从而进一步点开合集查看所有视频，如图7-22和图7-23所示。

这就意味着，每发一条新的视频都有可能会提升合集中之前发的任一条视频的播放量。

要创建合集，必须在电脑端进行操作，可以使用下面介绍的两种方法。

↑ 图7-22

↑ 图7-23

● 手动创建合集

在电脑端进入抖音创作服务平台的管理后台，单击左侧"内容管理"中的"合集管理"，进入合集管理界面，单击右上角的"创建合集"。

根据提示输入合集的名称及介绍，然后将视频加入合集后即可，如图7-24所示。

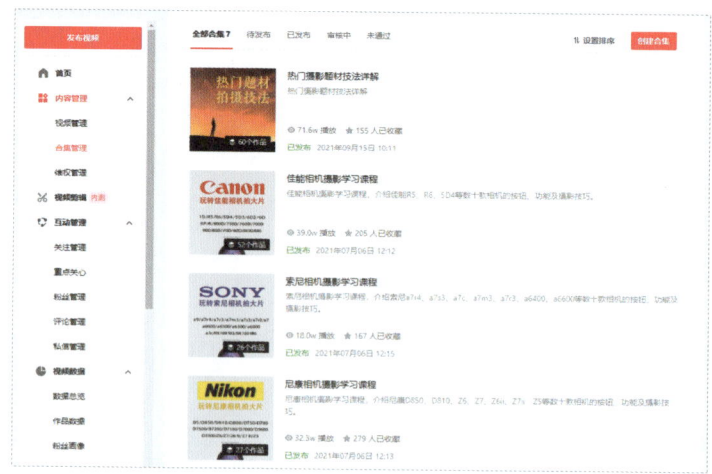

图7-24

自动创建合集

根据视频的标题，抖音会自动生成不同的视频合集，如图7-25所示。

单击进入这些合集后，可以按照提示为合集命名，并修改合集的封面。

所以，如果要用这种方法创建合集，一定要注意视频的标题要有规律。

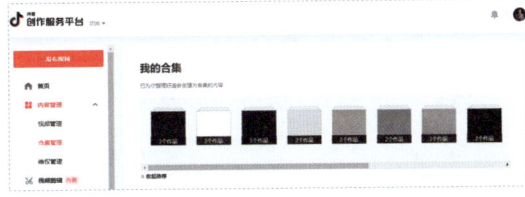

↑ 图7-25

7.6 用配角让视频更吸引人

视频的流量少，有可能就是缺了一个好的配角。

正所谓红花还要绿叶衬，合适的配角能够让视频增色不少，还能帮助视频拉开与同类视频的距离。

讲美食的知识类视频的核心内容其实差距不大，但如果某个创作者有一个好的配角而别人没有，就能够拉开与其他人的视频的差距。例如，在拍摄视频时旁边有一只不太乖的萌宠，这个小家伙就有可能给你的视频带来偶发性的小情节。

在拍摄其他类型的视频时，萌宠也能达到吸引观众的效果。例如，如图7-26所示，视频展示的是T台时装秀，而一只猫的加入立刻使视频有了讨论的话题点。

在图7-27展示的评论区中，许多粉丝对于这样配角的出现表现出超出寻常的关心。

此外，在视频中增加"颜值"高的配角，也是一个非常好的方法。图7-28展示的视频中，前景处被模糊的人物是主播，而背景处清晰的高"颜值"女性是视频配角。但毫无疑问，在观看这个视频的时候，大多数人的第一眼都会被高"颜值"女性所吸引，从而让视频更吸引人。

如果没有这样的高"颜值"配角，也可以采取在画面局部用小窗口展示高颜值人物的方法和吸引观众的注意，如图7-29所示。

↑ 图7-26

↑ 图7-27

↑ 图7-28

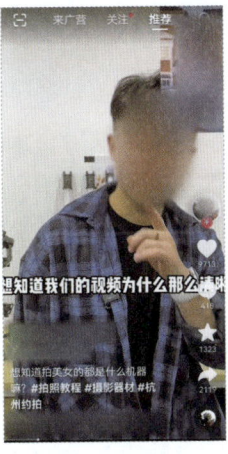

↑ 图7-29

7.7 利用抖音搜索流量提升播放量

● 认识抖音流量类型

抖音上有3种流量：自然流量、付费流量和搜索流量。

自然流量

自然流量是每个视频发布后抖音免费分发的流量。根据视频的质量，自然流量是不固定的，通常每支视频会有300~500的初始自然流量。

如果视频的质量高，自然流量就会持续增加。例如，笔者在2022年2月发布过一个视频，至2022年5月，其总播放量达到了168.2万，如图7-30所示。但如果视频质量不高，自然流量就会逐渐减少。

这种流量是每一个创作者都必须力争获得的。

付费流量

付费流量是创作者在使用DOU+以后，购买到的流量，这种流量在本书的第8章中将有详细讲解。

搜索流量

与百度等搜索平台相同，每天也有海量用户在抖音上搜索各种各样的信息。

在抖音App右上角点击放大镜按钮就可以进入搜索界面，如图7-31所示，从这个放大镜按钮所在的位置也可以看得出来，搜索是抖音非常重要的一个功能。

通过搜索间接找到创作者账号或视频产生的流量，被称为搜索流量。

与自然流量不同，搜索流量是持续而且稳定的。以一个美食账号为例，如果创作者能够善于利用搜索流量，那么只要有用户在抖音上搜索与美食相关的关键词，就有可能找到这个账号或相关视频。

↑ 图7-30

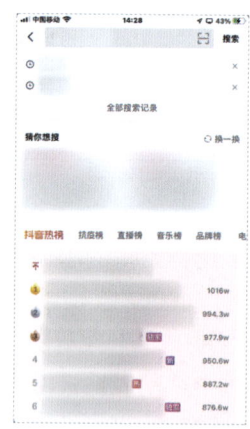

↑ 图7-31

● 如何查看搜索流量

创作者可以按下面的方法操作，查看自己账号的搜索流量。

❶ 在抖音App中点击"我"，然后点击右上角的三条杠图标。

❷ 点击"创作者服务中心"。

❸ 点击"近7日数据概览"右侧的"查看更多"。

❹ 向下拖动直至显示"核心数据概览",如图7-32所示。

❺ 点击"账号搜索量"或"作品搜索量",则可以看到图7-33所示的"账号搜索量"及"作品搜索量"数据。

↑ 图7-32

↑ 图7-33

如何获得更多搜索流量

要了解如何获得更多搜索流量,首先要知道抖音是如何判断某个视频是不是用户搜索的目标的。例如,当"如何做饺子"的搜索指令发出后,抖音会把哪些视频推荐给搜索用户?视频推荐的底层判断依据是什么?

如果明确了这两个问题的答案,那么如何获得更多搜索流量的问题就迎刃而解了。众所周知,抖音的核心其实是智能化的推荐算法,其基本原理就是让视频标签与用户标签相互匹配。

那么抖音是怎样知道一个视频应该打哪些标签的呢?其实很简单,依据就是视频的标题、字幕、声音、画面、话题、封面等。这其中涉及关键字抓取、语音识别、画面识别等相关技术。

比如,一个做饺子的视频,会由于其标题有饺子、讲解时不断提到饺子而被打上美食、饺子、面食等标签,当一个用户搜索如何制作饺子时,这个视频就有较大概率被推荐给他,如图7-34所示。

所以,获得搜索流量最直接的方法,就是多在视频标题、字幕、讲解、话题里重复那些你认为你的目标用户会搜索的关键词。

↑ 图7-34

查找能增加搜索流量的关键词

通过前面的学习,我们都知道要通过关键词来增加搜索量。那么,下一个问题就是如何寻找关键词。

对于某些内容非常独特的作品来说,可能关键词是比较唯一的,比如光绘摄影视频,其关键词就是光绘。

而对于美食、美容、图书等类型的视频来说，相关的关键词就非常多。这个时候如何知道还有哪些关键词能够帮助我们获得更多的搜索流量呢？

笔者常用的方法是使用巨量算数，具体操作如下。

❶ 在抖音首页搜索"巨量算数"，进入账号主页后点击下面的"官方网站"，如图7-35所示。

❷ 输入希望寻找的相关关键词进行搜索，比如"美食"，如图7-36所示。

❸ 点击"关联分析"，可以看到有"内容关联词"和"搜索关联词"两部分，如图7-37所示。

❹ 只要选择合适的关联词加入标题、字幕、文案等，搜索流量就会有所提升。

↑ 图7-35

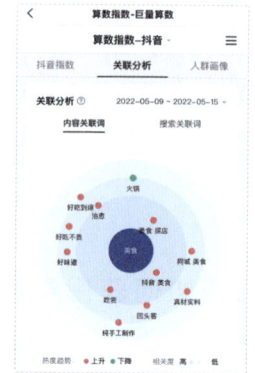
↑ 图7-36   ↑ 图7-37

● 如何堆砌关键词

考虑到搜索推荐算法更依赖于文字，创作者如果要提升账号的整体搜索量，可以在账号昵称、简介、视频发布时所添加的话题、视频的标题等位置添加关键词，而且还可以对这些关键词稍加调整，创作出一些意思不变但词语不太相同的变体关键词。

还有一个非常重要的技巧，即在视频合集简介里也添加相应的关键词，并且时常更新视频合集。

7.8 学会视频分析方法，创作思路更明确

● 认识分析数据的重要性

抖音是一个基于数据算法的视频平台，因此在每一个视频发布以后创作者都可以获得非常详细的数据，通过分析这些数据，可以了解已经发布的视频存在哪些不足，为下一步创作找到方向、打好基础。

例如，创作者可以通过分析数据了解自己的粉丝画像，从而迎合粉丝，发布他们更喜欢观看的视频。如果不这样做，就有可能不断重复已经出现的问题而不自知，白白浪费许多时间和精力。

在电脑端分析视频数据的方法

创作者可以通过抖音官方电脑端后台查看自己账号的详细数据，从而对目前视频的内容、宣传效果及目标受众有一定的了解，还可以对账号进行管理，并通过学习官方课程提高运营水平。下面介绍登录抖音官方后台的基本操作方法。

❶ 在百度中搜索"抖音"，单击带有"官方"标识的链接即可进入抖音官网，如图7-38所示。

❷ 单击抖音官网上方的"抖音创作服务平台"。登录个人账号后，即可直接进入电脑端后台。默认打开的界面为后台"首页"，通过左侧的选项栏即可选择各个项目进行查看，如图7-39所示。

↑ 图7-38

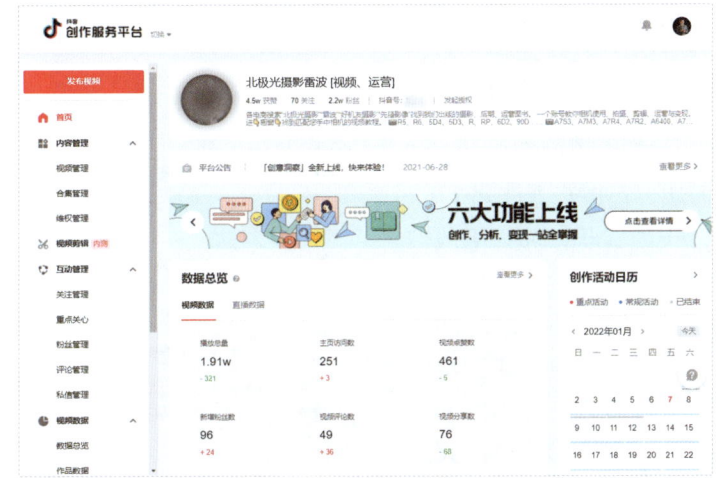

↑ 图7-39

了解账号的昨日数据

在"首页"中的"数据总览"一栏，可以查看视频的昨日相关数据，包括播放总量、主页访问数、视频点赞数、新增粉丝数、视频评论数、视频分享数等。

通过这些数据，创作者可以快速了解昨日所发布视频的质量；如果昨日没有新发布视频，则可以了解已发布视频带来的持续播放与粉丝转化等情况。

从账号诊断报告中找问题

在左侧的功能栏中单击"数据总览"，可以显示如图7-40所示的界面。

从这里可以看到抖音官方给出的、基于创作者最近7天上传视频所得数据的分析诊断报告及提升建议。

可以看出，针对笔者打开的这个账号而言，投稿数量虽然不算低，但视频完播率与互动指数仍较低。

所以，笔者可根据抖音官方提出的建议"作品的开头和结尾的情节设计很关键，打造独特的'记忆点'，并且让观众多点赞留言，另外记得多在评论区和观众互动哦"来优化视频。

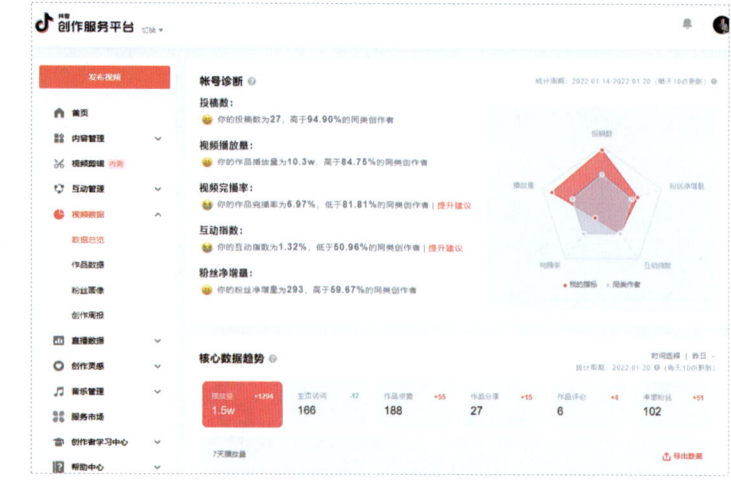
↑ 图 7-40

分析播放数据

在"核心数据趋势"模块，可以查看账号7天、15天和30天的整体播放数据，如图7-41所示。

如果视频播放量曲线平衡没有增长，或者整体呈上升趋势，证明目前视频的内容及形式符合大部分观众的需求，创作者保持这种状态即可。

如果视频播放量曲线平稳没有增长，或者整体呈下降趋势，创作者则需要学习相似领域头部账号的内容制作方式，并在此基础上寻求自己的特点。

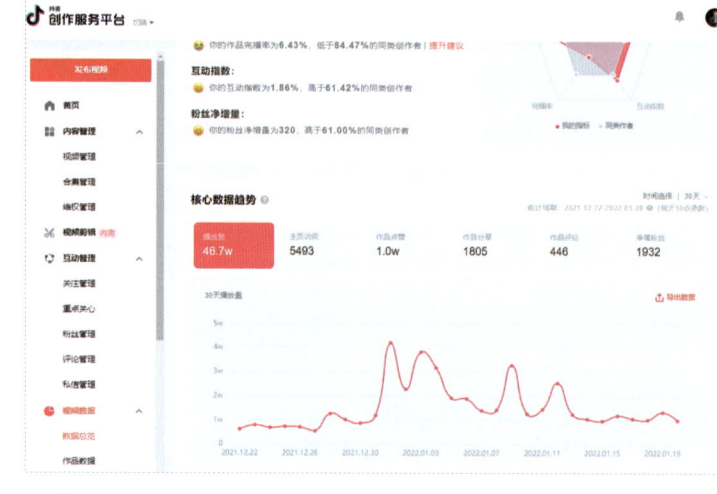
↑ 图 7-41

分析互动数据

在"核心数据趋势"模块，还可以查看账号7天、15天和30天的"作品点赞""作品分享""作品评论"等数据，如图7-42～图7-44所示，从而客观地了解观众对近期视频的评价。

在这 3 个互动数据指标中，"作品分享"参考价值最高，"作品点赞"参考价值最低。

这是由于对粉丝来说，分享的参与度较高，能够被分享的视频通常是对粉丝有价值的。而点赞操作由于过于简单，甚至无需观看视频，只用动动手指即可完成点赞操作，因此参考价值不大。

这也证明了视频价值对于账号的重要，所以本书关于提升视频价值的内容值得每一位创作者深入研究。

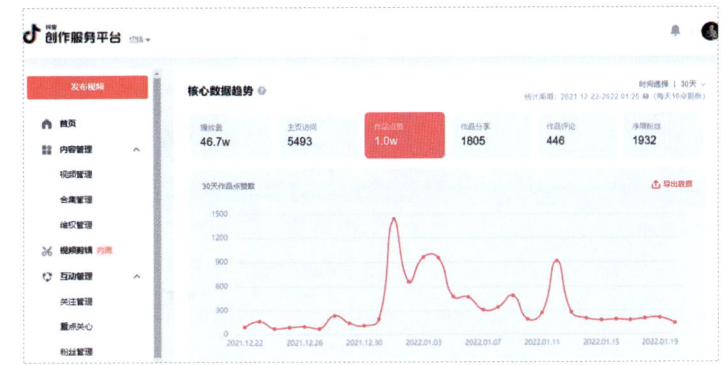

↑ 图 7-42

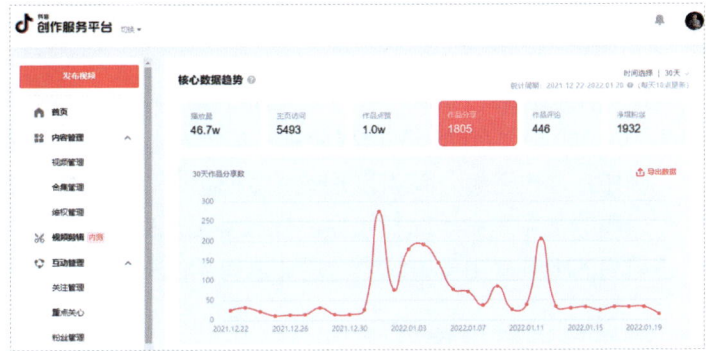

↑ 图 7-43

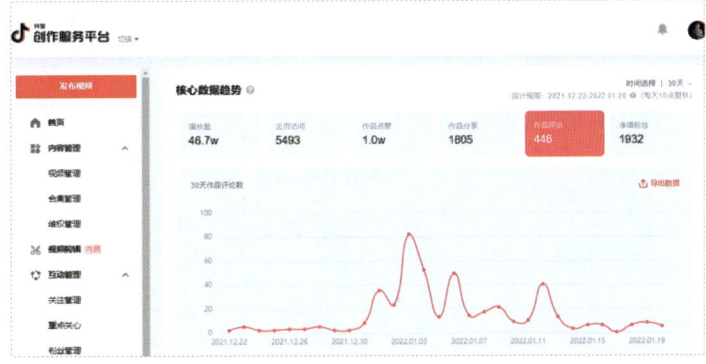

↑ 图 7-44

7.9 利用作品数据分析单一视频

如果说"数据总览"重在分析账号的视频内容的整体趋势，那么"作品数据"就是用来对单一视频进行深度分析的。

在界面左侧单击"作品数据",显示如图7-45所示的数据分析界面。

↑ 图7-45

● 近期作品总结

在"作品总结"模块中,分别列出了近30天内,点赞量、播放量、完播率与吸粉量最高的4个视频,有助于创作者分别从4个选题中总结不同的经验。

例如,通过分析,笔者发现这4个视频中,点赞量最高的视频是由于画面唯美,完播率最高的视频是由于时长较短,播放量最高的视频是由于选题与粉丝匹配度较高,吸粉量最高的视频是由于讲解内容是非常有用的干货。

● 对作品进行排序

在"作品列表"模块中,创作者可以对最近30天内发布的100个视频作品,按播放量、点赞数、新增粉丝数、完播率等数据进行排序,如图7-46所示,以便从中选择出优质视频进行总结,或者将其作为抖音千川广告投放物料、DOU+广告投放吸粉视频。

创作者应该每个月都对当月视频进行总结,因为相关数据仅能保留30天。

↑ 图7-46

查看单一作品数据

在"作品列表"模块中，选择需要进一步分析的视频，然后单击右侧的"查看"，显示如图 7-47 所示的界面。在其中可以进一步分析播放量、完播率、均播时长、点赞量、评论量、分享量、新增粉丝量等数据。

在"播放量趋势"模块中，建议选择"新增"或"每天"，如图 7-48 所示，以直观分析当前视频在最近一段时间的播放情况。多观察此类图表，有助于对视频的生命周期有更深的理解。

向下拖动界面，可看到如图 7-49 所示的"观看分析"图表，用于分析当前视频的观众跳出情况。

需要指出的是，虽然系统提示"第 2 秒的跳出用户比例为 15.01%，占比较高。建议优化第 2 秒的作品内容，优化作品质量"，但实际上这个跳出率并不算高。这里显示的系统提示，只是一个以红色秒数为变量而自动生成的提示语句，实际参考意义并不大。

只有当某一秒的跳出用户比例超过 50%，且曲线起伏幅度较大时，才有一定的参考意义。

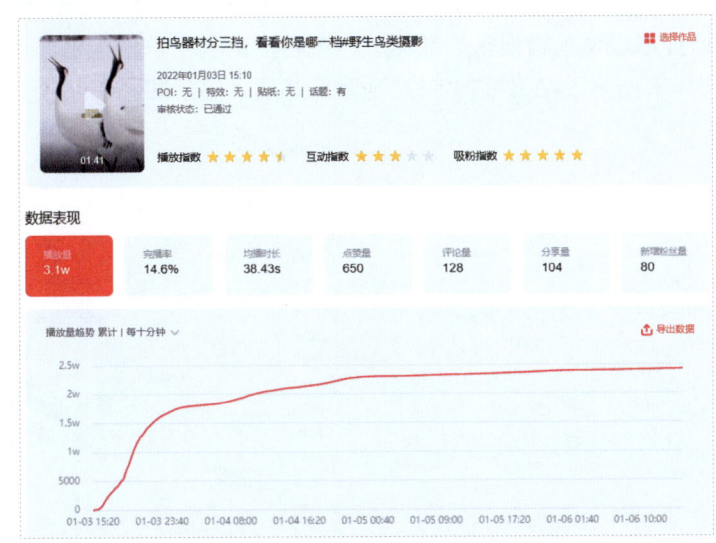

↑ 图 7-47

↑ 图 7-48

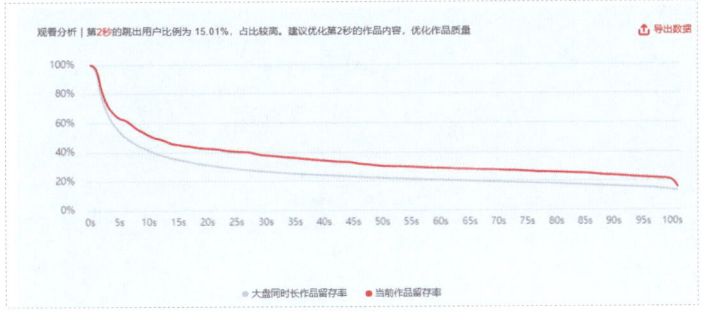

↑ 图 7-49

7.10 通过"粉丝画像"更有针对性地制作内容

作为视频制作者,创作者除了需要了解内容是否吸引人,还需要了解吸引到了哪些人,从而根据主要目标受众有针对性地优化视频。

通过抖音创作服务平台中的"粉丝画像"模块,创作者可以对粉丝的性别、年龄、所在地域及观看设备等数据进行查看,便于了解粉丝是怎样的人。

单击页面左侧的"粉丝画像"选项,显示如图7-50所示界面。

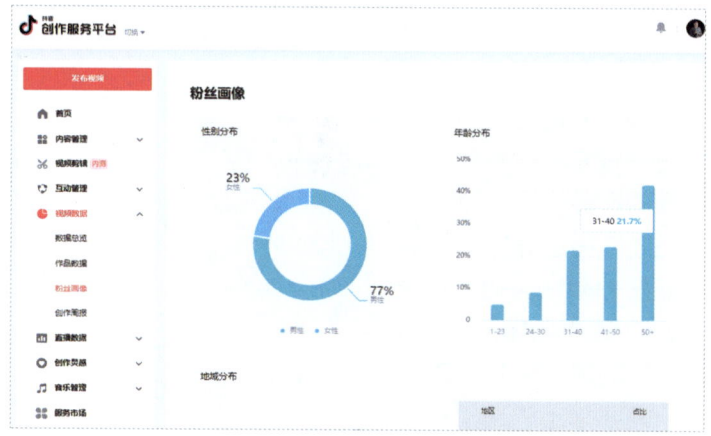

↑ 图 7-50

■ "地域分布"数据

通过"地域分布"数据,创作者可以了解粉丝大多处于哪些地区,如图7-51所示,从而避免视频中出现主要受众完全不了解或者没兴趣的事物。

以图7-51为例,此账号的粉丝大多分布在沿海地区,如广东、山东、江苏、浙江等。因此,创作者发布视频时,首先要考虑可以定位在上述地区;其次,视频中涉及的内容要考虑上述地区的天气、人文等特点;如果创作者与主要粉丝聚集地有时差,这一情况也要考虑。

↑ 图 7-51

■ "性别分布"与"年龄分布"数据

从图7-50中可以看出,此账号的受众主要为中老年男性。因为在"性别分布"中,男性观众占了77%。在"年龄分布"中,31～40岁、41～50岁及50岁以上的粉丝加在一起,占比超过80%。

因此,在制作视频内容时,创作者要避免过度使用流行、新潮的元素,因为中老年人往往对这些事物不感兴趣,甚至有些排斥。

7.11 通过手机管理后台分析视频数据

■ 找到手机端的视频数据

在手机端查看视频数据的方法非常简单,只需要以下两步。

❶ 浏览想要查看数据的视频,点击界面右下角的三个点图标,如图7-52所示。

❷ 在打开的界面中点击"数据分析"即可查看数据,如图7-53所示。

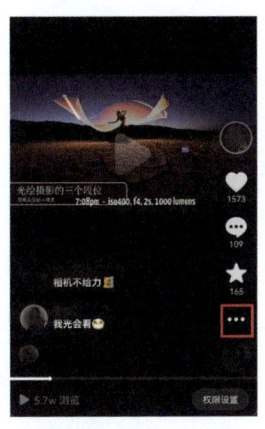
↑ 图7-52

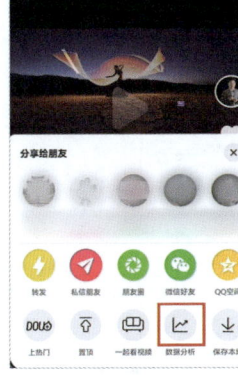
↑ 图7-53

■ 查看视频概况

点击如图7-53所示的"数据分析"后,创作者可以快速了解视频数据概况,如图7-54和图7-55所示,我们可以明显地看出两个视频的区别。

在这里需要特别关注两个数据。第一个是5秒完播率。无论视频有多长,5秒完播率都是抖音重点考核的数据之一,创作者一定要想尽各种方法确保自己的视频在5秒之内不被划走。

第二个是粉丝播放占比。这个数值越高,代表该视频吸引新粉丝的能力越弱。

↑ 图7-54

↑ 图7-55

找到与同类热门视频的差距

在数据分析详情界面的下半部分是"播放诊断"。在此首先需要关注的是如图7-56所示的"播放时长分布"曲线,这个曲线能够展示当前视频与同领域相同时长的热门视频在不同时间段的观众留存对比。

一般有以下3种情况。

如果红色曲线整体在蓝色曲线之上,如图7-56所示,则证明当前视频比同类热门视频更受欢迎,那么创作者只要总结出该视频的优势,并在接下来的视频中继续发扬,账号的成长速度就会非常快。

如果红色曲线与蓝色曲线基本重合,如图7-57所示,则证明该视频与同类热门视频质量相当。接下来创作者要做的就是继续优化作品,至于优化方法,可参考下一节将讲解的点赞分析方法。

如果红色曲线在蓝色曲线之下,如图7-58所示,则证明视频内容与热门视频有较大差距,创作者同样需要对视频进行进一步打磨。

具体来说,曲线形状不同,表明产生差距的原因也有区别。如果像图7-58所示的,在视频开始的第2秒观众留存率就已经低于热门视频,则证明视频开头没有足够的吸引力。创作者可以通过快速抛出视频能够解决的问题,直击观众的痛点,或优化视频的开场画面来增强吸引力,进而提高观众留存率。

如果视频在中段、或者中后段观众留存率开始低于热门视频,则证明观众虽然对视频选择的话题挺感兴趣,但因为视频内容干货不足,或者没有击中问题核心,导致观众流失,如图7-59所示。

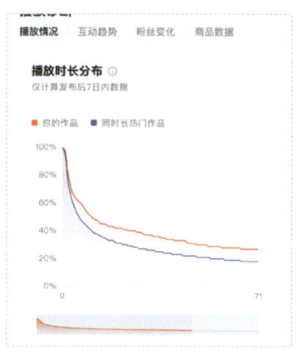
↑ 图7-56

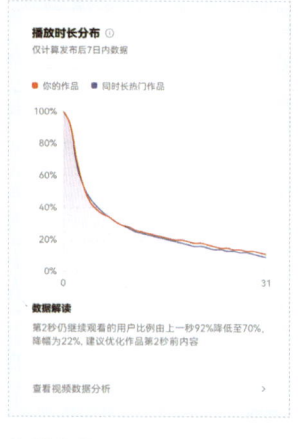
↑ 图7-57

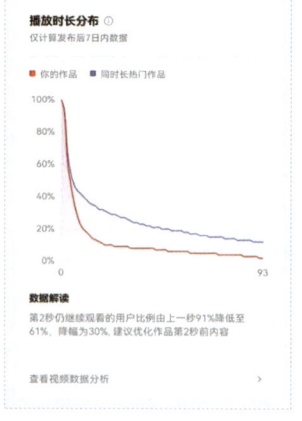
↑ 图7-58

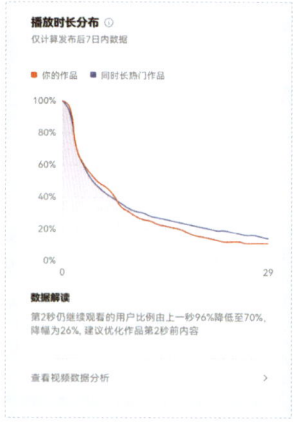
↑ 图7-59

7.12 通过"视频数据分析"准确找到问题所在

分析前面所讲的曲线,只能找到视频是在哪一方面出现了问题,导致其不如热门视频受欢迎,而要想明确视频存在的具体问题,还要用更多数据进行分析。

● 通过"观看分析"找到问题内容

所谓观看分析曲线,其实就是观众留存曲线。借助该曲线与视频内容的联系,创作者可以准确地找到让观众大量流失的内容。

比如图7-60中的观看分析曲线显示,观众在视频开始阶段便迅速流失。而同长度的热门视频的曲线如图7-61所示,可以看到观众的流失是比较平缓的。

↑ 图7-60

所以创作者接下来就需要重点分析一下,自己拍的视频为什么在开头就导致观众迅速流失?根据曲线走向,可以将问题内容定位到视频的前20秒,所以只需要反复观看前20秒的内容,并找到导致观众流失的原因即可。

↑ 图7-61

● 通过"视频数据分析"找到内容的闪光点

通过"视频数据分析",创作者不但能找到问题内容,还可以找到内容中的闪光点,进而发现观众喜欢什么内容。

以笔者曾发布的一个讲解"对焦追踪灵敏度设置"的短视频为例,虽然在开头有大量观众流失,但依然有部分观众继续观看了之后的内容,并且该视频也获得了155个点赞。通过如图7-62所示的"点赞分析",即可定位获得观众点赞更多的视频内容,进而为今后的视频创作提供指导。

↑ 图7-62

将时间轴移动到点赞曲线的第二个波峰位置,发现是实景讲解的部分,如图7-63所示。从此处可以分析出,相比于相机功能讲解而言,观众更喜欢通过实拍进行讲解的形式。

可能会有读者觉得,只靠一个点赞波峰就做此推断有些过于草率,所以笔者又将时间轴移动到了第三个明显的点赞波峰上,发现同样为场景实拍部分,从而证明此前的分析是可靠的。

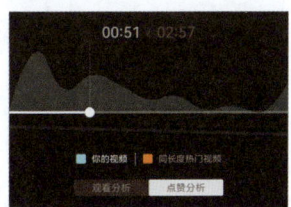

↑ 图7-63

第 8 章

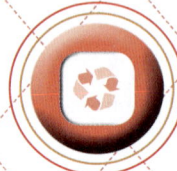

投放DOU+，从付费流量到自然流量

8.1 DOU+的概念与投放方法

■ 什么是DOU+

抖音或者快手这样的平台都有流量池的概念。以抖音为例，最小的流量池为300次播放，当这300次播放得到的完播率、点赞数和评论数达到要求后，平台才会将视频放入3000次播放的流量池。

于是就有可能出现这样的情况：创作者自认为做得还不错的视频，播放量却始终上不去，抖音也不会再给这个视频提供流量。

创作者此时可以花钱买流量，让更多的人看到自己的视频。这项花钱买流量的服务就是DOU+。要做好短视频创业，DOU+的投放方法是必须要掌握的。

■ 从视频观看界面投放DOU+

在观看视频时，点击界面右侧的三个点图标，如图8-1所示。

在打开的菜单中点击"上热门"，即可进入DOU+投放界面，如图8-2所示。

↑ 图8-1

↑ 图8-2

■ 从创作中心投放DOU+

除上述方法外，还可以按下面的方法找到DOU+投放界面。

❶ 点击抖音App右下角的"我"，点击右上角的三条杠图标。

❷ 选择"创作者服务中心"。如果是企业"蓝V"账号，此处显示的是"企业服务中心"。

❸ 点击"上热门"，如图8-3所示。如果要投放带有购物车的视频，则点击"小店随心推"。

❹ 在如图8-4所示的广告投放界面，设置需要的选项。

↑ 图8-3

↑ 图8-4

8.2 如何选择投放DOU+的视频

● 选择哪一个视频

投放DOU+的根本目的是撬动自然流量，所以正确的方式是择优投放。只有优质短视频才能通过DOU+获得更高的播放量，从而使账号的粉丝量增加并且带货数据得到优化。

这里有一个非常关键的问题，并不是创作者认为好的短视频，通过投放DOU+就一定能够获得很高的播放量。同理，有些创作者可能并不看好的短视频通过投放DOU+，反而有可能获得不错的播放量。这种"看走眼"挑错视频的情况，对于新手来说尤其普遍。

要解决这个问题，除了看播放、互动数据外，一个比较好的方法是使用批量投放工具，对5个视频进行测试，从而找到平台判定的优质短视频，然后进行单视频投放。如果对一次测试的结果并不是很放心，创作者还可以将第一次挑出来的优质视频与下一组的4个视频组成一个新的批量投放订单进行测试。

图8-5与图8-6所示为笔者分两次投放的订单，可以看出来两次批量投放都是同一个视频取得最高播放量，这意味着这个视频在下一次投放时应当成为重点。

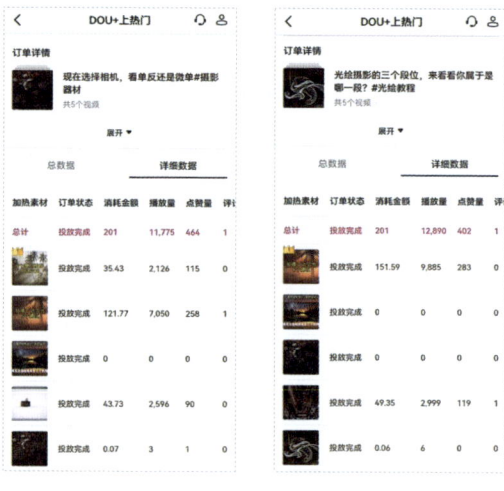

↑ 图8-5　　　　↑ 图8-6

● 选择什么时间发布的视频

在通常情况下，应该选择发布时间在一周内，最好是在3天内的视频进行投放。因为这样的视频有抖音推送的自然流量，广告投放应该在视频尚有自然流量的情况下进行，从而使两种流量相互叠加。但这并不意味着老视频不值得投放DOU+，只要视频质量好，即使是没有自然流量的老视频，也比有自然流量的劣质视频投放效果好。

● 选择投放几次

如果DOU+投放效果不错，在预算允许的情况下，创作者可以对短视频进行第二轮、第三轮的DOU+投放，直至投放效果降低至投入产出平衡线以下。

● 选择什么时间投放

选择投放时间的思路与选择发布视频的时间是一样的，都应该选择自己粉丝的活跃时间。以笔者运营的账号为例，发布的时间通常是周一到周五晚上8点~9点、中午午休时间，以及周末的白天。

8.3 单视频投放和批量投放

当按前文所述"从视频观看界面投放 DOU+"的方法进入 DOU+ 投放界面时，可以看到有两种投放方式可供选择，即单视频投放及批量投放，下面分别讲解。

■ 单视频投放 DOU+

单视频投放界面如图 8-7 所示，创作者在此需要重点选择的是"投放目标""投放时长""把视频推荐给潜在兴趣用户"等选项。

这些选项的具体含义与设置思路等，将会在后文一一讲解。

■ 批量投放 DOU+

批量投放界面如图 8-8 所示，创作者可以同时对最多 5 个视频进行 DOU+ 投放，也可以选择为其他账号投放 DOU+。除此之外，其他选项与单视频投放 DOU+ 几乎完全相同。

↑ 图 8-7

↑ 图 8-8

■ 两种投放方式的异同

单视频投放 DOU+ 的针对性明显更强。

批量投放 DOU+ 的优势则在于，当不知道哪个视频更有潜力时，创作者可以通过较低金额的 DOU+ 投放进行试验。

此外，创作者如果不在运营矩阵账号，则可以非常方便地通过批量投放对其他账号的视频进行投放。

选择批量投放的时候，可以选择视频加热直播间，通过投放提高直播间的人气，如图 8-9 所示。

↑ 图 8-9

8.4 深入了解"投放目标"选项

在确定了投放 DOU+ 的视频后,接下来需要进行各选项的详细设置。首先要考虑的就是"投放目标"。

■ "投放目标"选项简介

对于不同的视频,"投放目标"提供的选项绝大部分是相同的,都有"主页浏览量""点赞评论量""粉丝量"等,但根据视频的内容也有细微的区别。

例如,如果在发布视频的界面添加了位置,那么在"投放目标"中就会出现"位置点击",如图 8-10 所示。

如果短视频中包含"购物车",那么"投放目标"中就会出现"商品购买",如图 8-11 所示。

如果在发布视频的界面添加了具体商家的门店,那么"投放目标"中就会出现"门店曝光",如图 8-12 所示。

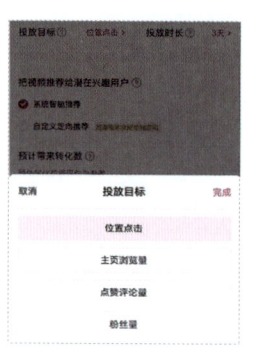
↑ 图 8-10

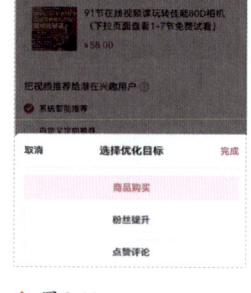
↑ 图 8-11

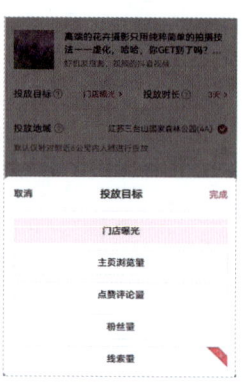
↑ 图 8-12

这些选项都非常容易理解,比如选择"位置点击"后,系统会将视频推送给链接位置附近的用户,以增加其点击位置链接、查看商户详细信息的概率。

当选择"主页浏览量"后,系统会将视频推送给喜欢在主页中选择不同视频观看的用户。

当选择"点赞评论量"后,系统会将视频推送给那些喜欢观看此类视频,并且经常点赞或者评论的用户。

在选择"粉丝量"后,系统会将视频推送给喜欢关注账号的观众,从而让视频创作者建立起粉丝群体,为将来的变现做好准备。

如果选择"线索量"选项,视频创作者可以获得对自己商品有意向的用户信息。

8.5 "投放目标"选项与视频内容的关系及作用

在投放DOU+时,很多人会发现,不同视频的"投放目标"中的选项会有些区别。那么"投放目标"的各选项与视频内容有何关系?不同"投放目标"的选项之间又有何作用?下面将进行详细讲解。

● 常规的"投放目标"选项

在对任何视频投放DOU+时,点击"投放目标"都会出现选项"主页浏览量""点赞评论量""粉丝量"。所以,这3个选项也被称为常规的"投放目标"选项。

提升播放量选"点赞评论量"

如果想提升视频的播放量,让更多的观众看到这条视频,那么选择"点赞评论量"是最有用的。因为当点赞量和评论量提升后,视频很有可能进入一个更大的流量池,从而让播放量进一步提升。

提升关注度选"粉丝量"

在选择"粉丝量"后,系统会将视频推送给喜欢关注账号的观众,从而帮助创作者集聚粉丝,为将来的变现做好准备。

提升其他视频播放量选"主页浏览量"

如果创作者已经发布了很多视频,并且绝大多数视频的浏览量都比较一般,此时可将"投放目标"设置为"主页浏览量",让更多的观众进入账号主页,有机会看到账号发布的其他视频,从而全面带动视频播放量。

● "挂车"短视频与"商品购买"

所谓"挂车"短视频,其实是指包含购物车链接的短视频。只有在对此类短视频投放DOU+时,点击"投放目标"才会出现"商品购买"选项,如图8-13所示。

"挂车"短视频的考核维度与常规短视频不同:常规短视频只根据点赞量和评论量来确定是否可以进入下一级流量池,而"挂车"短视频还要看购物车链接的点击次数。因此,将"投放目标"设置为"商品购买"也意味着可以增加视频中购物车链接的点击次数,从而提高视频进入下一级流量池的概率。

需要强调的是,在为"挂车"短视频投放DOU+时,创作者会进入"小店随心推"界面。因此,创作者即便没有开通"小店",只要开通橱窗,并且在视频中加上购物车链接,也可以进行商品推广。

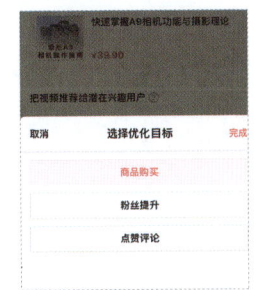

↑ 图8-13

● POI 与 "门店加热"

POI 是 Point Of Interest 的缩写，即抖音提供的"兴趣点"功能。在几乎所有探店类短视频的左下角，我们都会看到的门店名称其实就是添加的 POI，如图 8-14 所示。点击 POI 之后，还能看到包括地址在内的该门店的详细信息，这能高效、快捷地为门店引流。

↑ 图 8-14

在为添加了 POI 的短视频投放 DOU+ 时，"投放目标"中会出现"门店加热"。当选择该选项进行投放时，系统会将该视频推送给距门店 6 千米范围内的观众，从而提高成功引流的概率。

● 逐渐边缘化的"位置点击"

当短视频中加入了"位置信息"时，就可以在"投放目标"中选择"位置点击"，如图 8-15 所示。

由于"位置信息"展示的只是一个位置，并没有展示一个具体的门店或者旅游景点等，与"门店加热"相比几乎起不到变现作用，因此它是一个被边缘化的选项。

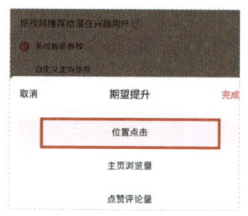

↑ 图 8-15

● 带有小程序的短视频与"小程序互动"

一些短视频的主要目的是推广界面左下角添加的小程序，如游戏类短视频通过介绍游戏让观众产生兴趣，然后观众直接点击左下角的小程序就可以开始玩，如图 8-16 所示，而创作者将通过该视频中小程序被点击的次数的累积进行变现。

因此，当对该类视频投 DOU+ 时，可在"投放目标"中选择"小程序互动"，提高小程序点击量，增强推广效果，这也可以在一定程度上增加游戏类创作者的收入，如图 8-17 所示。

 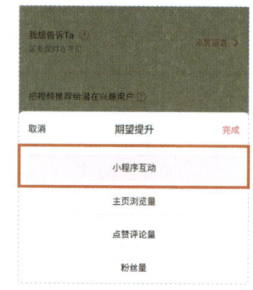

↑ 图 8-16   ↑ 图 8-17

8.6 "投放时长"选项设置思路

● 了解最低投放金额

在"投放时长"选项中可选的时间最短为 2 小时，最长为 30 天，如图 8-18、图 8-19 所示。

但选择不同的投放时长，最低投放金额并不相同。

如果投放时长选择的是 2 小时至 3 天，则最低投放金额为 100 元；但如果选择的是 4 天或 5 天，则最低投放金额为 300 元。

如果选择的是 6 天至 10 天，则最低投放金额每增加一天上涨 60 元，即选择 10 天时，最低投放金额为 600 元。

从第 11 天开始，最低投放金额变为 770 元，并且每增加一天上涨 70 元，至 30 天时，最低投放金额上涨至 2100 元。

↑ 图 8-18　　　　　↑ 图 8-19

● 设置投放时长的思路

选择投放时长的主要思路与投放目的及视频类型有很大关系。

例如，一条新闻类的视频自然要在短时间内大面积推送，才能获得最佳的推广效果，所以要选择较短的投放时长。

而如果视频主要面向的是"上班族"，而他们使用抖音的时间集中在下午 5—7 点这段在公交车或者地铁上的时间，或者是晚上 9 点以后至睡前这段时间，那么创作者就要考虑设置的投放时长能否覆盖这些高流量时间段。

如果要投放的视频是带货视频，创作者则要考虑受众的购买习惯。例如，对于宝妈来说，下午 2 点至 4 点、晚上 9 点后是宝宝睡觉的时间，也是集中采购的时间，投放时长一定要覆盖这一时间段。

在通常情况下，笔者建议至少将投放时长设为 24 小时，以便于广告投放系统将视频精准推送给目标受众。

投放时长设置得越短，流量获取越不精准，广告真实收益也越低。例如，图 8-20 所示为笔者投放的一个时长为 2 小时的订单，虽然播放量超出预期，但投放目标并没有达到。

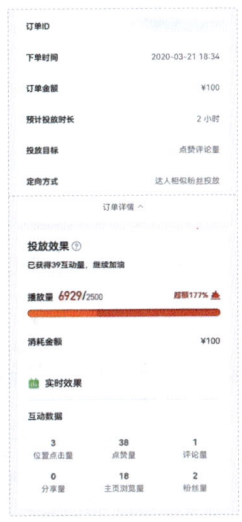

↑ 图 8-20

8.7 如何确定潜在兴趣用户

"潜在兴趣用户"包含两个选项，分别为系统智能推荐和自定义定向推荐。

● 系统智能推荐

若选择"系统智能推荐"，则系统会根据视频的画面、标题、字幕、账号标签等，查找并将此视频推送给有可能感兴趣的用户，然后根据互动与观看数据判断是否要进行更大规模的推送。

这一选项适合新手或使用其他方式效果不佳的创作者。

选择此选项后，系统会根据"投放目标""投放时长""投放金额"推测出一个预估转化数字，如图8-21所示，但此数据仅具有参考意义。

另外，如果没有升级DOU+账号，则显示预计播放量提升数值，如图8-22所示。

如果视频质量较好，则最终获得的转化数据及播放数据会比预计的数据更好，从图8-23与图8-24所示的两个订单，可以看出来最终获得的播放量均比预计数据更好。

超出的这一部分可以简单理解为DOU+对于优质视频的奖励。这也印证了前文讲过的，要选择优质视频投放DOU+。

↑ 图8-21

↑ 图8-22

↑ 图8-23

↑ 图8-24

自定义定向推荐

如果创作者对于视频的目标受众有明确要求，可以选择"自定义定向推荐"，如图8-25所示，从而详细设置视频推送的目标受众类型。其中包含性别、年龄、地域和兴趣标签4种细分设置，基本可以满足精准推送视频的需求。

以美妆类带货视频为例，创作者如果希望通过DOU+获得更高的收益，可以将"性别"设置为"女"，"年龄"设置在"18~30岁"（可多选），"地域"设置为"全国"，"兴趣标签"设置为"美妆""娱乐""服饰"等。

此外，如果视频所售产品价格较高，创作者还可以将"地域"设置为一线大城市。

创作者如果对自己的粉丝有充分的了解，知道他们经常去的一些地方，还可以选择"按附近区域"进行投放。

↑ 图8-25

例如，在图8-26的示例中，由于笔者投放的是高价格产品广告，因此针对区域选择的是一些高消费场所。这里的区域不仅可以是创作者所在地当地的，也可以是全国范围内其他任何地区的位置，而且添加的数量能够达到几十个，这样可以避免锁定区域过小、人数过少的问题。

限定性别、年龄、地域可以较为精准地锁定目标受众，但这里也需要注意，受众精准意味着人数也会减少不少，有可能导致出现在设置的投放时长内，预算无法全部花完的情况。

如果希望为线下门店引流，也可以选择"按商圈"，或选择"按附近区域"设置半径为10千米，这样就可以让附近的受众看到视频。

↑ 图8-26

需要注意的是，增加限制条件后，流量的购买价格也会提高。

比如所有选项均设置为"不限"时，100元预计可以获得5000次播放量，如图8-27所示。

而在限制"性别"和"年龄"后，100元预计只能获得4000次播放量，如图8-28所示。

当再对"兴趣标签"进行限制后，100元就预计只能获得2500次播放量了，如图8-29所示。

所以，为了获得最高性价比，如果只是为了涨粉，不建议做过多限制；如果是为了销售产品，而且对产品的潜在客户已有充分了解的情况下，可以根据需要对各项进行限制，以更加精准地投放。

另外，创作者也可以选择不同的模式先分别投100元，计算一下不同模式下的回报率，即可确定最优设置。

↑ 图8-27

↑ 图8-28

↑ 图8-29

8.8 深入理解"达人相似粉丝推荐"

"达人相似粉丝"实际上只是"自定义定向推荐"各选项中的一个,如图8-30所示,但由于其功能强大,且新手使用该功能投放时容易出现问题,因此本书对其进行重点讲解。

↑ 图8-30

● 利用"达人相似粉丝推荐"为新账号打标签

新账号的一大成长障碍就是没有标签,而且如果通过每天发视频使账号标签逐渐变得精准,这个过程会比较漫长。

创作者可以借助投"达人相似粉丝推荐"为新账号快速打上标签。

创作者只需要找到若干个与自己的账号赛道相同、变现方式相近、粉丝群体类似的账号,分批、分时间段投放500~1000元DOU+,则可以快速使自己的账号标签变得精准。

同理,对于一个老账号,如果运营得非常不理想,又由于种种原因不能放弃,创作者也可以按此方法强行修正账号的标签,但代价会比给新账号打标签大不少。

● 利用"达人相似粉丝推荐"查找头部账号

"达人相似粉丝推荐"还有一个妙用,即可以用来查找各个垂直领域的头部账号。在其中选择一些视频内容与自己接近的头部账号并关注,可以学到很多内容创作的方式和方法。

图8-30所示界面中点击"更多"后,在图8-31所示的界面中点击添加,即可在出现的列表中选择各个垂直领域,列表右侧会出现该领域的达人。

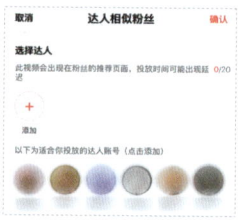

↑ 图8-31

● 利用"达人相似粉丝推荐"精准推送视频

将自己创作的视频推送给同类账号,可以快速获得精准粉丝,或优化视频互动数据,这是"达人相似粉丝推荐"最重要的作用。

在选择达人时,除了选择官方推荐的账号,更主要的方式是通过输入达人账号名称进行搜索,找到没有在界面中列出的达人,如图8-32所示。

并不是所有账号都可以被选择为相似达人账号,如果搜索不到,则证明该账号的粉丝互动数据较差。

↑ 图8-32

8.9 利用"账号速推"涨粉

■ "账号速推"的开启方法

"账号速推"是一种更直接的付费涨粉功能,开启方式如下所述。

❶ 选择任一视频,点击右下角的三个点图标,然后点击"上热门",如图8-33所示。

❷ 点击如图8-34所示界面右上方的账户管理图标,显示如图8-35所示的界面。

❸ 点击界面下方的"投放管理",然后选择"投放工具"中的"账号速推",如图8-36所示。

❹ 在"投放金额"中选择金额,此时就会显示预计涨粉量,如图8-37所示。

❺ 点击"切换为高级版",可以修改"单个粉丝出价"及粉丝筛选条件,如图8-38所示。"单个粉丝出价"最低设置是0.8元。

↑ 图8-33

↑ 图8-34

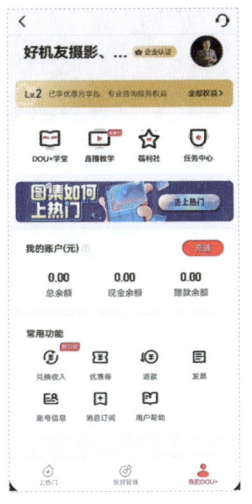
↑ 图8-35

↑ 图8-36

↑ 图8-37

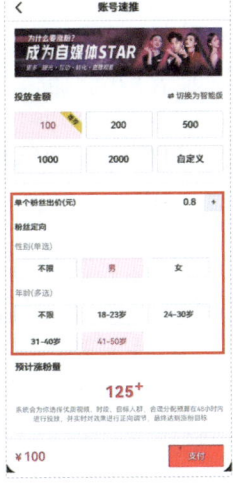
↑ 图8-38

■ "单个粉丝出价"的设置

在前面的操作中,有一个非常关键的选项为"单个粉丝出价"。一般来说,在总金额不变的情况下,"单个粉丝出价"越高获得的粉丝越少,所以创作者可以尝试设置最低"单个粉丝出价"。

例如，在图8-39所示的推广订单中，笔者设置的是"单个粉丝出价"为"1元/个"，推广结束后获得了100个粉丝。

在图8-40所示的推广订单中，"单个粉丝出价"为"0.8元/个"，推广结束后获得了128个粉丝，充分证明了设置最低"单个粉丝出价"的可行性。

↑ 图8-39

↑ 图8-40

8.10 "小店随心推"广告投放

"小店随心推"与"DOU+上热门"都属于DOU+广告投放体系，两者的区别是，当选择投放DOU+的视频有购物车链接时，则显示"小店随心推，如图8-41所示，否则显示"DOU+上热门"。

↑ 图8-41

■ DOU+ 小店的优化目标

"小店随心推"界面与前面介绍的"DOU+上热门"投放界面的区别在于"投放目标"改为"优化目标"，并且在其中增加了"商品购买"选项，如图8-42所示。

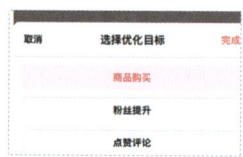

↑ 图8-42

选择该选项后，系统会将该视频向更可能产生购买行为的观众推送，并且界面下方会相应地变更为预估带来的下单量，如图8-43所示。

需要注意的是，虽然选择"商品购买"可以提高成交量，实打实地增加收益，但如果视频的播放量较低，宣传效果仍会较差，所以建议选择"商品购买""粉丝提升""点赞评论"混合投放，从而在促进成交的同时增强宣传效果。

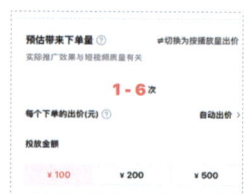

↑ 图8-43

● 达人相似粉丝推荐

"小店随心推"与"DOU+上热门"的第二个重要区别在于"达人相似粉丝推荐"。

在"DOU+上热门"界面中,"达人相似粉丝推荐"是被包含在"自定义定向推荐"内的。

而在"小店随心推"界面中,"达人相似粉丝推荐"是一个单独的选项,如图8-44所示,因此无法与性别、年龄、地域、爱好等选项相互配合使用。

↑ 图8-44

● 推广效果

选择"小店随心推"时,界面会显示预估带来的下单量,但这个数值没有太大参考价值。笔者投放过数次,没有任何一次投放的实际数值与预估数值相近。

另外,对于带货视频,抖音除了考核完播率等指标外,还会考核销售数据,因此如果销售数据比较差、视频流量不太好,也就很难吸引大量粉丝。

8.11 用DOU+推广直播间

直播间的流量来源有若干种,其中最稳定的就是通过DOU+推广获得的付费流量。下面讲解两种用DOU+推广直播间的操作方法。

● 用"DOU+上热门"推广直播间

点击抖音App右下角的"我",点击右上角的三条杠图标,点击"创作者服务中心"(企业用户点击"企业服务中心"),点击"上热门"进入"DOU+上热门"界面。

在此界面的"我想要"区域选择"直播间推广",如图8-45所示。

在"更想获得什么"区域,创作者可以从"直播间人气""直播间涨粉""观众打赏""观众互动"4个选项中选择一个。在此,建议新手选择"观众互动",因为只有直播间的互动率提高了,才有可能利用付费的DOU+流量来带动免费的自然流量。如果选择"直播间人气",有可能出现人气比较高,但由于新手控场能力较弱,无法承接较高人气,导致付费流量快速进入直播间然后快速撤出的情况。

在"选择推广直播间的方式"区域有两个选项。

↑ 图8-45

如果选择"直接加热直播间",则 DOU+ 会将直播间加入推广流,这意味着目标粉丝有可能会直接刷到创作者正在推广的直播间。此时如果直播间的场景美观程度高,粉丝有可能在直播间停留,否则则会前往下一个直播间。

如果选择"选择视频加热直播间",则 DOU+ 会推广在下方选中的一条视频,这种推广方式与前面讲解过的利用 DOU+ 推广视频没有区别。当这条视频被粉丝刷到时,头像上会有"直播"字样,如图 8-46 所示。如果视频足够吸引人,粉丝就会点击头像进入直播间。

在"我想选择的套餐是?"区域,可以点击"切换至自定义推广"获得更多关于推广的选项,如图 8-47 所示。这些选项与前面讲解过的各选项意义相同,在此不再赘述。

↑ 图 8-46

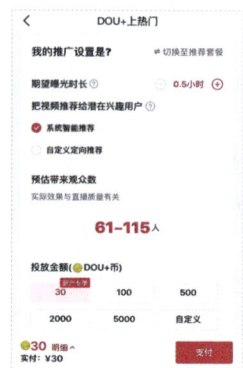
↑ 图 8-47

■ 用 "小店随心推" 推广直播间

点击抖音 App 右下角的"我",点击右上角的三条杠图标,点击"创作者服务中心"(企业用户点击"企业服务中心"),点击"小店随心推"进入"小店随心推"管理中心,如图 8-48 所示。

点击"直播推广",在"更多推广"界面选择要推广的直播间右侧的"去推广",进入如图 8-49 所示的直播推广详细设置界面。

从设置内容可以看出来,虽然同样是推广直播间,但用"小店随心推"推广直播间与用"DOU+上热门"推广直播间不太相同。

在此界面的"直播间优化目标"的选项"×××"与"DOU+上热门"界面中"更想获得什么"区域中的"直播间人气""直播间涨粉""观众互动"基本相同,其中:

进入直播间=直播间人气,

粉丝提升=直播间涨粉,

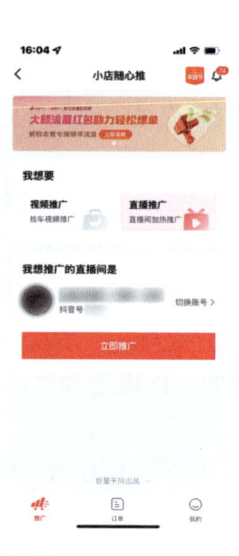
↑ 图 8-48

↑ 图 8-49

评论=观众互动。

但如果直播间更追求售卖商品，则"小店随心推"中的"商品点击""下单""成交"无疑更直接有效，因此建议秀场类直播间用"DOU+上热门"推广，而卖场类直播间用"小店随心推"推广。

在"你想吸引的观众类型"区域可以选择一个选项，以精准推广直播间，这3个选项与使用"DOU+上热门"在"我想选择的套餐是？"区域点击"切换至自定义推广"获得的选项基本相同。

如果对自己的直播间内容比较有信心，建议选择"达人相似观众"，在如图8-49所示的界面中选择对标达人，并在"选择互动行为"区域选择"观看过直播""种草过商品"，以获得更好的推广效果。

在"选择加热方式"区域，可以选择的选项虽然与"DOU+上热门"界面的选项相同，但不同之处在于，在此仅可以选择一种加热方式，而如果使用"DOU+上热门"可以同时选择两个选项。这一点值得主播注意，并应区别使用。

在"期望曝光时长"区域，可以选择0.5~24小时。一般来说，期望曝光时长应该至少比直播时间长0.5小时，并且至少提前0.5小时投放，以提前进行审核。

另外，即使提前推广直播，投放的金额也只会在开播后消耗，所以不必担心金额白白地消耗了。

8.12　DOU+投放管理

无论投放的是"小店随心推"还是"DOU+上热门"，创作者都可以按下面的方法进入管理中心，以对既往投放的订单以及当前投放的订单进行管理，包括中止当前订单、查看既往订单的数据、投放新广告等。

点击抖音App右下角的"我"，点击右上角的三条杠图标，点击"创作者服务中心"（企业用户点击"企业服务中心"），进入如图8-50所示的界面。

点击"上热门"进入"DOU+上热门"界面，点击下方中间的"投放管理"即可进入管理中心。

在"投放工具"区域，可以选择"批量投放""直播托管""账号速推""素材管理""数据授权"等，如图8-51所示。

在"我的订单"区域，可以找到既往投放过的订单以及正在进行中的订单，如图8-52所示。

点击"小店随心推"进入"小店随心推"管理中心，在这个界面中即可以直接点击"去推广"，针对某一个视频进行推广，如图8-53所示。

或者在界面下方点击"发票中心"开推方发票，点击"运营

↑ 图8-50

学院"学习关于广告投放的课程，订单出现问题可以点击"帮助与客服"进行咨询。

点击界面下方中间的"订单"后，在"视频订单"区域可查看到所有订单，如图8-54所示。

↑ 图 8-51

↑ 图 8-52

↑ 图 8-53

↑ 图 8-54

8.13 如何终止DOU+投放

■ 要立即终止投放的情况

在投放DOU+后，新手应每小时观测一次投放数据，如果投放数据非常不理想，在金额还没有完全消耗之前，都可以通过终止投放来止损。

例如对于图8-55展示的订单，消耗金额已经达到了45.73元，但是粉丝量只增加了16个，因此笔者立即终止了该订单。

↑ 图 8-55

● 终止投放后如何退款

订单终止后，没有消耗的金额会在48小时内返回创作者的DOU+账户，可以在以后的订单中使用。

如果是用微信支付的，可在微信钱包里查看退款金额，如图8-56所示。

↑ 图 8-56

● 单视频投放的终止方法

要终止单视频投放，创作者可以将投放视频设置成为"私密"状态，DOU+投放将立即终止；DOU+投放终止后，可以再将视频设置成为公开可见状态。创作者也可以直接在该DOU+订单界面中点击终止订单按钮以终止该视频的投放。

● 批量投放的终止方法

要终止批量投放，创作者可以直接联系DOU+客服并提供订单号，由客服来快速终止。

注意，这里联系的是DOU+客服，而不是抖音客服。

联系方法是在"DOU+上热门"界面，点击右上角的小人图标进入"我的DOU+"界面，如图8-57所示，然后点击右上角的客服图标。

↑ 图 8-57

第 9 章

开通橱窗,从买货到卖货

9.1 理解抖音电商与传统电商的本质区别

理解抖音电商与传统电商的本质区别的意义在于,当抖音的规则发生变化时,创作者将知道如何改变自己的经营策略,以迎合或者跟上抖音的发展节奏。

● 需求区别

大部分人不是因为要买商品才刷抖音的,而是想要在这个平台上打发时间。所以在抖音上无论是通过直播还是通过短视频销售商品,一个非常重要的点就是要通过内容来激发用户的需求。

传统电商通常都是搜索类电商,也就是说,绝大部分用户都是有明确的购买需求以后,通过搜索锁定需要购买的商品,所以对于要购买的商品有明确的预期。

因为两者在用户需求上存在区别,所以在抖音销售商品的难度高于传统电商,商品表现形式需要更有新意。这样的区别导致抖音的直播间需要更热闹、卖场的气氛更足,从而刺激消费者下单,如图9-1所示。

↑ 图9-1

● 流量区别

在抖音中只要视频拍摄得精美,能够获得更多推荐曝光和展现机会,就有可能产生大量订单。

而在传统电商平台上,当消费者以关键词搜索商品时,被推荐的商品会依据关键词以及商铺的评分等各个维度进行排序。

由于这两个类型的平台完全不同的流量匹配原则,所以对于普通人来说,在抖音销售商品的机会更多。

从目前在抖音上已经获得较好成绩的群体来看,其中不乏以前在商业上无法获得较多资源的群体,这也再次证明了在抖音乃至各个短视频平台上,普通人机会更多。

● 用户决策区别

在抖音上无论消费者是在直播间买商品,还是通过短视频的购物车链接购买商品,大多数都属于冲动型消费。因为决策的时间比较短,所以抖音特别适合销售低价标品。因为这样的商品在价格上就非常吸引消费,而且由于商品是标品,质量通常是比较可靠的。

例如，图9-2所示为核桃带货视频，视频中的商品介绍详细丰富、口播真实自然，该商品自然就能够打动消费者，获得不错的销量。

查看该商品的销量，如图9-3所示，其销量证明该商品是一个爆款。

另外，虽然抖音上的大部分商品属于低价标品，但并不意味着高价值的商品在抖音上无法销售，只要创作者人设树立成功，销售价格高一些商品也并非难事。例如，某知名网红的直播间就经常大量销售价格为几千元甚至上万元的商品，如图9-4所示。

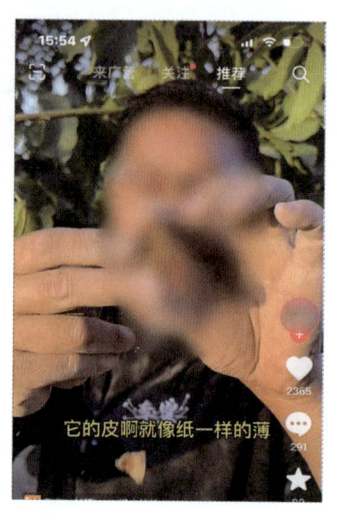
↑ 图9-2

↑ 图9-3

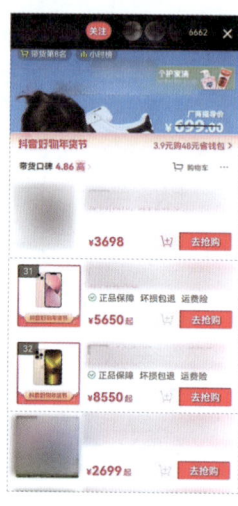
↑ 图9-4

比价区别

消费者在抖音上购买商品时，界面如图9-5所示。由于在抖音中搜索同款商品较为麻烦，因此很少有消费者进行比价，这极大地提高了成交转化率。

而在传统的电商渠道中，消费者购买前通常会货比三家，因此，销售方需要使商品的呈现效果、价格方面优于同行才可能成功销售。

虽然仍然有部分消费者在抖音看到商品后，转向传统电商进行搜索比价或下单，但这一比例较小。

↑ 图9-5

9.2 在抖音销售商品的两种方式

目前在抖音销售商品主要有以下两种方式。

■ 销售自有商品

如果创作者本身已经有加工厂或代工车间,可以在抖音上开通小店,上传自己的商品。

由于抖音巨大的流量红利,目前已经有很多曾经在淘宝、京东及天猫上开设自营店的商家入驻抖音,这些商家用自有商品进行销售,对他们来说抖音是一个新的销售渠道。

利用抖音这个渠道,他们不仅可以通过拍摄短视频、直播进行带货,还可以将自己的商品上架到精选联盟,邀请其他创作者来带货分销。

这样的抖音账号通常都是"蓝V"账号,进入其主页后点击"进入店铺",可以查看其保证金交纳情况以及资质情况,如图9-6所示。

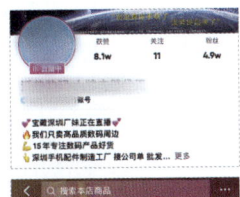

↑ 图9-6

■ 分销他人商品

绝大多数抖音创作者都没有自己的商品,因此分销他人商品是他们唯一的带货变现方式。

简单来说,创作者在开通橱窗后,可在精选联盟中选择与自己的账号定位及粉丝消费水平相匹配的商品,将这些商品上架到自己的商品橱窗中,然后通过在短视频中加入商品链接进行带货。

这样的抖音号通常都是个人账号,如图9-7所示,进入其主页后点击"进入橱窗",可以查看其分销的数量,如图9-8所示。

由于抖音的流量池巨大,因此只要视频出色,创作者就能够获得不菲的收益。

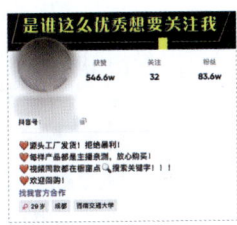
↑ 图9-7

↑ 图9-8

9.3 创建能开通"商品橱窗"的账号

账号的带货功能并不是默认开通的,在前面的章节中笔者已经详细讲解过如何创建、装修普通账号,本节将详细讲解如何将普通账号升级成为能够带货的账号。

■ 带货功能的开通条件

一个账号要具有带货功能,必须开通"商品橱窗"权限,才可以在视频页面和该视频的评论区页面添加商品链接。

要申请开通"商品橱窗"权限需满足以下几个条件。

实名认证。

交纳500元商品分享保证金。

个人主页视频数≥10。

抖音账号粉丝量≥1000。

需要注意的是,1000粉丝对于成熟的创作者来说并不多,但对于许多新手来说需要较长时间的积累。因此,在抖音直播间及热门评论下经常出现互粉的留言,如图9-9所示,其目的就是尽快凑够1000粉丝。

虽然笔者在前面的章节中曾经讲过,互粉对于账号并没有太大意义,但如果仅仅是为了开通橱窗,也无不可。

但最好还是应该按笔者在讲解DOU+投放的相关章节中讲过的新手起号方法来进行操作。

除此之外,如果创作者本身有企业或是个体工商户,也可以直接将新账号认证为"蓝V"账号,因为"蓝V"账号可以0粉丝直接开通橱窗,而且账号功能也比个人认证的账号更强大。

但需要注意的是,普通账号可以升级成"蓝V"账号,但"蓝V"账号不可以降级为普通账号。

另外,账号升级为"蓝V"账号后,由于多了营销属性,对于打造接地气的人设会有一定阻碍,这也是为什么有部分"蓝V"账号的创作者抱怨升级后流量少了。其真实原因并不是抖音限制了"蓝V"账号的流量,而是账号的属性发生变化后,粉丝的心态发生了微妙的变化,从而导致视频的互动数据变差,进而影响了流量。

↑ 图9-9

■ 带货功能的开通方法

❶ 打开抖音App后,点击界面右下角的"我",再点击右上角的 ≡ ,打开如图9-10所示的菜单,选择"创作者服务中心"。

❷ 点击"商品橱窗",如图9-11所示。

❸ 选择"商品分享权限",如图9-12所示。

❹ 在满足上文介绍的4个申请条件的前提下,点击界面下方的"立即申请"。

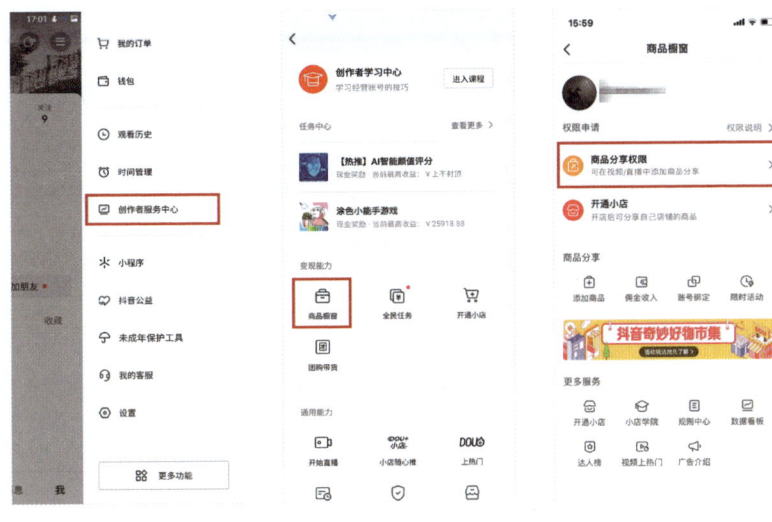

↑ 图9-10   ↑ 图9-11   ↑ 图9-12

■ 交纳带货保证金

申请开通"商品橱窗"时,需要交纳作者保证金,以便抖音在收到消费者投诉时先行赔付,具体操作方法如下。

❶ 点击"我",点击"商品橱窗",如图9-13所示。

❷ 打开如图9-14所示的界面,点击"常用服务"模块中的"作者保证金",按提示交纳500元。

❸ 如图9-15所示,交纳成功后可以查看保证金的交纳记录与具体金额。

❹ 如果要开收据,可以点击"保证金记录"右侧的"查看全部记录",在"保证金记录"界面,点击右上角的"开收据"即可,如图9-16所示。

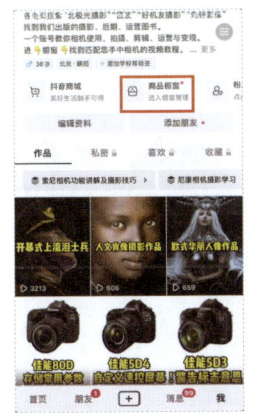   

↑ 图9-13   ↑ 图9-14   ↑ 图9-15   ↑ 图9-16

开通收款账户

开通收款账户是为了方便收款结算，消费者付款后，货款将结算到创作者对应的收款账户中，所以开通收款账户是必不可少的流程。

❶ 点击"我"，点击"商品橱窗"。

❷ 打开如图9-17所示的界面，点击"账户升级"。

❸ 在如图9-18所示的界面中选择账户的类型。对于绝大多数个人创作者来说，应该选择"个人"。如果已经开通了抖音小店，要选择"我是小店商家"，账号会跟小店共用同一个账户。

❹ 点击"下一步"后确认结算账户信息，在此处需要选择抖音认证的实名账号，如图9-19所示。

❺ 点击"下一步"，在如图9-20所示的界面中上传身份证等信息，平台审核验证后，按提示操作即可完成开户。

↑ 图9-17

↑ 图9-18

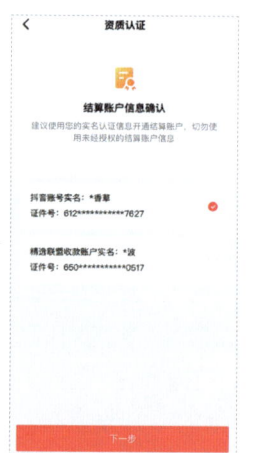
↑ 图9-19

↑ 图9-20

验证开通是否成功的方法

完成以上操作后，在抖音中点击"我"，点击"商品橱窗"，如果界面提示"恭喜您已经成功完成电商达人带货权限申请 可以前去选品广场添加商品推广了"，说明带货功能已经开通成功，如图9-21所示。

如提示"推广商品需开通带货权限申请，申请成功即可成为带货达人"，如图9-22所示，则说明未完成电商权限开通，应根据提示完善收款账户信息。

↑ 图9-21

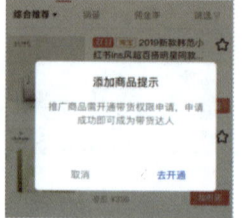
↑ 图9-22

■ 佣金提现

如果已经获得了分销佣金，可以用下面的方法提现。

❶ 点击"我"，点击"商品橱窗"。

❷ 打开如图9-23所示的界面，点击"佣金统计"或"收入提现"，均可以进入提现界面，在此以点击"佣金统计"为例进行讲解。

❸ 点击"佣金统计"后，在如图9-24所示的界面中点击红色的"提现"按钮，然后按提示操作即可完成提现。

↑ 图 9-23

↑ 图 9-24

9.4 了解精选联盟平台

精选联盟是抖音联结商家和创作者的平台，商家可以将自己的商品上架到精选联盟，创作者从中可选择分销商品，并通过视频和直播等方式推广。产生订单后，平台按期与商家和创作者结算。

目前精选联盟平台中已经上架了大量商品，随意点开几个在抖音中获得较高收益的创作者的分销橱窗，可以看到他们的商品基本上均来源于精选联盟平台上的不同的商家，如图9-25和图9-26所示。

虽然多数商品的分销佣金率只有15%~20%，但如果销售量高，收益也非常可观。图9-27和图9-28展示了两个抖音号的月销数据，图9-29和图9-30展示了两个总销量超过10万的分销橱窗，其销售量都非常高。

按每件商品的净利润为3元来计算，月销售量达到6万的店铺，月利润能够达到18万元，而月销售量超10万的店铺，每个月的利润至少为30万元。

↑ 图 9-25

↑ 图 9-26

↑ 图 9-27

↑ 图 9-28

↑ 图 9-29

↑ 图 9-30

相比于在线下开店要承担店面房租、人员工资等成本，而且还可能出现不可控的风险，在线上进行带货可以说是普通人低成本创业的绝佳方式。

但不可否认，由于越来越多的创业者进入这个领域，短视频带货的竞争也日益激烈。

9.5 在橱窗中上架精选联盟商品

当账号具备带货资格后，创作者就可以在橱窗中上架各类商品，并在以后发布视频时带货。下面讲解如何在橱窗中上架精选联盟商品。

❶ 点击"我"，点击"商品橱窗"，在如图9-31所示的界面中点击"选品广场"。

❷ 在如图9-32所示的精选联盟界面中，选择与自己的账号粉丝匹配的商品类型，在此笔者选择的是"图书音像"类型。

❸ 在"选品广场"中选择希望上架到橱窗的商品，点击"加橱窗"即可，如图9-32所示。

❹ 点击"筛选"按钮，在如图9-33所示的界面中针对佣金率、月销量、商家体验分等进行筛选，从中找到适合自己的商品。

❺ 点击商品右下角的"加橱窗"将该商品加入橱窗，如图9-34所示。

❻ 返回"商品橱窗"界面，点击"橱窗管理"，如图9-35所示。

↑ 图9-31

↑ 图9-32

↑ 图9-33

↑ 图9-34

❼ 在"橱窗管理"界面中点击如图9-36所示的橱窗商品右侧的 ✎ 。

❽ 打开如图9-37所示的界面，可以对"短视频推广标题"及"直播间推广卖点"进行编辑。

❾ 完成编辑后，返回"橱窗管理"界面，点击右上角的"预览"，从消费者视角查看自己的橱窗，如图9-38所示。

↑ 图 9-35

↑ 图 9-36

↑ 图 9-37

↑ 图 9-38

⑩ 如果需要下架某一个商品，可以点击"橱窗管理"界面右上角的"管理"。选中将要下架的商品，然后点击界面下方的"删除"即可。

9.6 在精选联盟选品必看的指标

按上面讲述的方法在精选联盟的选品广场中选择商品时，除了要看商品的类型是否与自己的粉丝匹配，还要点击商品图片跳转到决策页查看商品详细信息，包括销量、平台认证、商家售后服务保障、售卖效果、粉丝契合度、短视频随心推资质、推荐理由等。下面讲解选品时几个重要的判断指标。

■ 粉丝契合度指标

新手在选品时可能会遇到把握不准的情况，不清楚自己的粉丝是否会对所选择的商品感兴趣，此时不妨参考抖音官方给出的粉丝契合度指标。如图 9-39 所示，此商品的粉丝契合度为 76，而图 9-40 所示的商品粉丝契合度为 92，明显比图 9-39 中的商品粉丝契合度更高。

但如果没有显示粉丝契合度，也并不意味着此商品根本不值得考虑。图 9-41 所示的商品就没有显示粉丝契合度，但由于该商品是摄影器材，很明显与笔者经营的摄影账号的粉丝是契合的。

因此，一般来说，显示有粉丝契合度的商品更保险，而对于没有此数值的商品，创作者就需要根据其账号情况自行判断。

↑ 图 9-39

↑ 图 9-40

↑ 图 9-41

商家体验分指标

商家体验分是反映店铺综合服务能力的重要指标，由商家近90天内的"商品体验""物流体验""服务体验"3个评分维度加权计算得出。体验分越高，流量加权越大。

因此，创作者应优先选择体验分高的商家的商品，例如图9-42所示为高分商品，图9-43所示为低分商品。

↑ 图 9-42

↑ 图 9-43

安心购认证

如果商品是实物商品，推荐创作者优先选择有安心购认证的商家，如图9-44所示。安心购是抖音为消费者推出的多重服务保障认证。

要获得安心购认证，商家需要为店铺内的商品提供正品保障、坏单包赔、7天无理由退货等服务，如图9-45所示。如果商家经营的是美妆类商品，还要提供过敏包退服务。

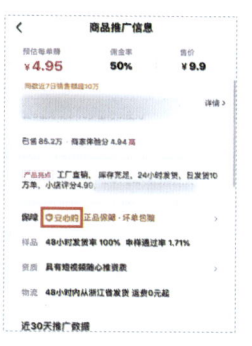
↑ 图 9-44

↑ 图 9-45

所以，有了安心购的保障，创作者就会在售后服务方面少很多麻烦。

广告投放资质

当创作者为带购物车链接的短视频投广告时，商品和视频内容需同时通过审核才可投放，即如果商品已通过广告审核，则具有短视频随心推资质，此时只需视频内容通过审核即可投放广告。而"挂车"没有推广资质商品的短视频，可能无法通过广告审核。

如果创作者为自己的带货短视频投放DOU+，则一定要关注商家的商品是否有短视频随心推资质。图9-46和图9-47所示均为有该资质的商品。

↑ 图 9-46

↑ 图 9-47

■ 其他指标

除了以上各个指标，创作者还应该查看商品是否支持免费申样、是否有最近30天的推广数据、真实的商品评价等。尤其要查看推广达人数曲线，如图9-48所示，曲线上升说明此商品处于放量期，曲线下降说明商品热度正在衰退期，值得密切关注。

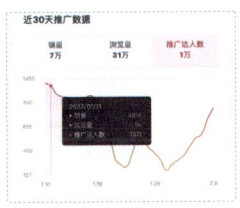

↑ 图9-48

9.7 通过精选联盟榜单找爆品

创作者要想在抖音上通过带货获得较高收益，除了要创作优质视频，还需要找到爆品。好的商品往往自带流量，能够弥补新手的视频内容短板，而且选品效率更高，试错成本更低。

下面讲解如何在手机上查找爆品。

❶ 点击抖音界面中的"我"，点击"商品橱窗"，再点击"选品广场"。

❷ 在联盟商品榜单界面中点击"爆款销量榜"，如图9-49所示。

❸ 选择适合自己账号的品类，即可看到商品的销售量，例如图9-50所示的界面上显示，排名第一的手机支架仅一天的销量就达到了4741，点击"加橱窗"可选择该商品。

❹ 向下划动，可以查看更多商品，找到合适的商品后，继续点击"加橱窗"即可。

❺ 除了"爆款销量榜"，还可以在选品广场界面中点击"爆品推荐"，在如图9-51所示的界面中查看前一日成交金额、销售商品数、动销达人数结算佣金额最多的商品等。

❻ 在选品广场界面中点击"新品专区"，可以在如图9-52所示的界面中查看抖音通过数据分析推荐的潜力新品，这也非常值得创作者关注，说不定下一个全网爆品就是从这里诞生的。

↑ 图9-49

↑ 图9-50

↑ 图9-51

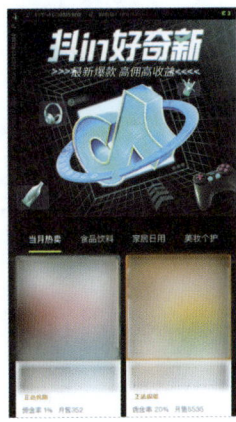

↑ 图9-52

9.8 如何查找、学习优秀带货视频

建议新手在做带货视频之前先看一下同类商品视频，通过模仿优秀的同类视频来培养自己的"网感"，并熟悉创作带货视频、上架商品等一系列操作。

下面以百货类别中销售量比较高的拖把为例，讲解如何找到优秀带货视频。

❶ 在抖音 App 中点击"首页"，再点击右上角的放大镜搜索图标，如图 9-53 所示。

❷ 在搜索栏中输入"拖把"，点击搜索。

❸ 在搜索得到的界面上方点击"商品"，如图 9-54 所示。

❹ 点击界面上方的"销量"，可以按销量对商品进行排序，如果商品图片的左上角有一个圆形播放按钮，则表示有相应的带货视频，如图 9-55 所示。

❺ 点击该圆形播放按钮播放视频后，点开评论区可以看到与商品相关的评论，如图 9-56 所示。在创作视频时，在内容中加入这些评论区的讨论要点，可以更好地消除潜在客户的顾虑。

只要按此方法，多查看几个相关视频及其评论区，就不难创作出优秀的带货视频。

↑ 图 9-53　　　　↑ 图 9-54　　　　↑ 图 9-55　　　　↑ 图 9-56

9.9 抖店的特点与开通方法

■ 什么是抖店

抖店是一个类似于淘宝的电商商家经营平台。进入抖店后，可以看到商家的已售商品数据及相关资质，如图 9-57 所示。抖店具有以下几个特点。

一站式经营

开通抖店后，商家可以获得从内容、数据到服务全方位的抖店商品运营支持，实现商品交易、店铺管理、售前及售后履约、第三方服务、市场合作等经营操作。

多渠道拓展

商家可以在抖音、今日头条、西瓜视频、抖音火山版等渠道进行商品推荐分享，实现"一家小店、多个渠道售卖"。

双路径带货

开通抖店后，商家不仅可以自行销货，更重要的是可以通过海量的抖音达人带货，在短时间内打造爆品。

开放式服务

类似于淘宝与天猫，目前抖店商家也可以在第三方服务市场中，选择可提高商品管理、订单管理、营销管理等经营项目效率的服务。

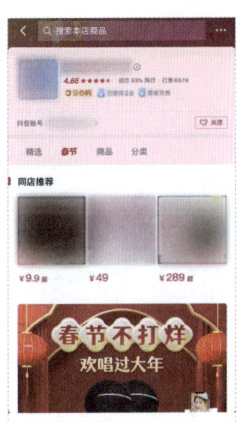

↑ 图9-57

■ 抖店的开通方法

抖店的开通门槛较高，只有个体工商户或企业才允许开通。

开通抖店有5个步骤，具体如下。

❶ 提交申请，在电脑端提交申请需要进入抖店的网站，在手机端提交申请可以点击创作者主页的"商品橱窗"，再点击"开通小店"，如图9-58所示。

❷ 提交营业执照、法人/经营者身份证明、店铺Logo、其他相关资质证明等。

❸ 等待平台审核上述资料。

❹ 进行账户验证，即使用银行预留的手机号进行实名验证，或者通过对公账户打款金额进行验证。

❺ 交纳保证金，不同的类目需要交纳的保证金不同，而抖店主体类型不同，保证金的数额也不同。例如，同样是经营笔记本电脑类目，如果是个体户，保证金是10000元，如果是企业，则保证金为20000元。如果经营的是多个类目，则按最高类目金额收取，保证金不叠加。

完成上述5个步骤即可成功开店。

↑ 图9-58

管理抖店

开通抖店仅仅是第一步,后面还有大量工作,包括上架商品、装修抖店、将商品加入精选联盟、设置物流模板、设置客服等,这些工作都需要在如图9-59所示的抖店后台进行。

由于抖店的功能非常丰富、复杂,本节仅讲解比较重要的装修抖店与将商品加入精选联盟(见后文)的操作。

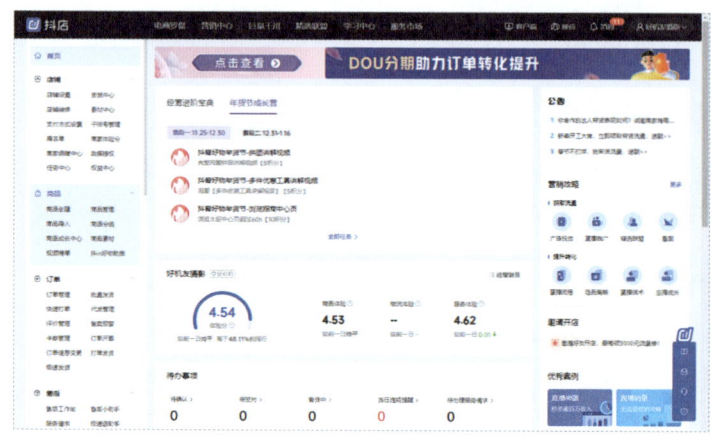

↑ 图9-59

装修抖店

要装修抖店,可以按下面的步骤操作。

❶ 在电脑端用百度搜索"抖店"并进入官网,使用抖音账号登录。

❷ 点击界面左侧功能区的"店铺装修",进入如图9-60所示的界面。

❸ 点击"编辑"按钮进入如图9-61所示的装修界面,从左侧的组件区域将需要的组件一一拖动至店铺主页上。

❹ 在界面的右侧组件参数设置区域对每一个组件的参数进行设置。

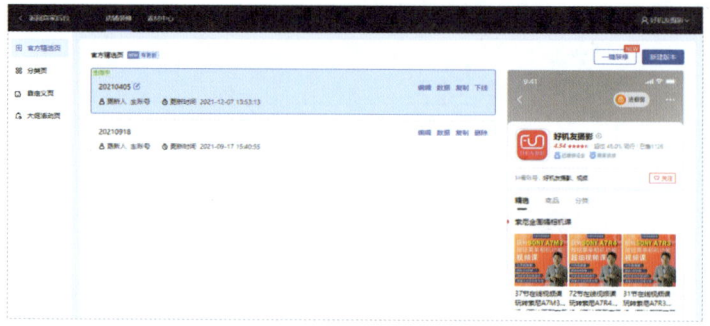

↑ 图9-60

↑ 图9-61

9.10 精选联盟商品入选标准

无论商家是自己经营矩阵账号，还是希望其他达人帮自己带货，前提条件都是要在开通小店后将自己的商品加入精选联盟。

将商品加入精选联盟的操作并不复杂，但并不是所有商家及商品均可以加入。为了优化整个抖音电商的生态，抖音为精选联盟设置了以下几个准入条件。

● 商家条件

- 商家店铺体验分高于（含）4分，新商家（入驻成功60天内的商家）且无体验分时，暂不做考核。要查看店铺体验分，可以点击抖音主页的"进入店铺"，查看如图9-62所示的红色数字。
- 商家店铺不存在因《商家违规行为管理规则》中的"出售假冒/盗版商品""发布违禁商品/信息""虚假交易""不当获利""扰乱平台秩序"等严重违规行为而被处罚的记录。
- 商家店铺账户实际控制人的其他电商平台账户，未被相应电商平台处以特定严重违规行为的处罚，未发生过严重危及交易安全的情形。
- 商家店铺需要根据不同店铺类型上传品牌资质，并保障品牌资质的真实性、合规性及链路完整性。

↑ 图9-62

● 商品标准

- 商家在精选联盟平台添加推广的商品（创建推广计划的商品），其退货率和投诉率需要满足一定标准。一般来说，退货率要≤4%、投诉率要≤2%。对于较贵重的商品，退货率与投诉率要更低，才可以满足加入精选联盟的要求。
- 加入精选联盟的商品，其商品类目、标题、主图、详情、价格等应符合平台要求，不得出现"滥发信息"的行为。
- 商品详情页需要对商品的形状、质量、参数等进行准确描述，不得仅以"秒杀"链接、专拍链接、邮费链接、价格链接、福袋等形式进行售卖。
- 特殊功效商品，需上传相关资质，通过精选联盟平台审核后才可在联盟中推广。

需要注意的是，加入精选联盟后并不等于进入了"保险箱"。如果商家店铺体验分低于3.5分，则会被系统从精选联盟中清退。而且平台会每日校验商品指标，对没有达到加入标准的商品进行清退，当商品再次符合准入标准时，商家方可再次开启推广。

9.11 将商品加入精选联盟的操作方法

❶ 进入抖店后台后，点击上方的"精选联盟"，进入如图9-63所示的界面。

❷ 点击界面上方的"计划管理"，进入计划管理界面，如图9-64所示。

❸ 点击界面右侧的"添加商品"，选择要加入精选联盟的商品，如图9-65所示，点击"确定"。

❹ 在"商品设置"对话框中设置"佣金率"及申样方式，默认情况下虚拟货品要设置为"不支持申样"，点击"确定"，如图9-66所示。

❺ 在商品列表界面中，即可看到已经添加到精选联盟里面的商品，如图9-67所示。

↑ 图 9-63

↑ 图 9-64

↑ 图 9-65

↑ 图 9-66

↑ 图 9-67

9.12 在视频上挂载商品的方法

在抖音视频上挂载商品的方法比较简单，下面分别讲解手机端及电脑端的操作方法。

■ 手机端操作方法

❶ 在手机端发布视频时，在发布界面点击"添加标签"，如图9-68所示，然后在如图9-69所示的界面中选择"商品"。

❷ 在"我的橱窗"界面中选择要添加的商品后，点击"添加"，如图9-70所示，最多可以在一个视频中添加6件商品。

❸ 添加完成后，点击"下一步"，如图9-71所示。

❹ 在各商品的"推广标题"文本框中输入商品的推广标题，如图9-72所示，然后点击"确定"。

❺ 可以在视频发布界面看到商品已挂载成功，如图9-73所示。

❻ 点击"发布"即可发布该带货视频。

↑ 图9-68

↑ 图9-69

↑ 图9-70

↑ 图9-71

↑ 图9-72

↑ 图9-73

电脑端操作方法

由于在电脑端发布视频需要添加商品链接，因此更便于开通了小店的商家进行操作，方法如下。

❶ 在电脑端发布视频时，在发布界面单击"添加标签"下方的下拉按钮，在如图9-74所示的下拉菜单中选择"购物车"。

❷ 进入自己的小店后台，点击左侧功能列表中的"商品管理"，找到要添加的商品后，点击界面右侧的"复制链接"，如图9-75所示。

❸ 返回电脑端的视频发布界面，将复制的链接粘贴到"购物车"右侧的输入框中，再点击红色的"添加链接"，如图9-76所示。

❹ 在弹出的"编辑商品"对话框中，填写"商品短标题"，如图9-77所示，该内容将显示在视频左下角购物车上。

❺ 多次重复以上操作，即可挂载多个商品，图9-78所示。

↑ 图9-74

↑ 图 9-75

↑ 图 9-76

↑ 图 9-77

↑ 图 9-78

● "挂车"（包含购物车链接）视频发布频次限制

抖音对不同粉丝量级的账号有不同的"挂车"（包含购物车链接）视频发布频次限制。粉丝数小于1000的账号每周只能发1条包含购物车链接的视频，粉丝数为1000～2999的账号每天可发布2条，粉丝数为3000～10000的账号每天可发布5条，粉丝数不低于10000的账号每天可发布10条。

第10章

持续直播，从小透明到大主播

10.1 直播间的硬件准备

目前主流的直播方式有两种，一种是使用手机进行直播，另一种是使用电脑配合相机进行直播，下面分别讲解。

■ 使用手机直播

为了保证直播质量，建议使用手机的后置摄像头进行直播。但这样就会导致主播无法在使用一台手机的情况下，既能进行直播，又能同时看到直播效果和观众的评论。

这里需要说明的是，如果使用手机直播，通常一部手机是不够的，还需要有另外一部手机用来观看观众的留言，如图10-1所示，并且使用手机直播时还要考虑手机的发热以及供电续航问题。

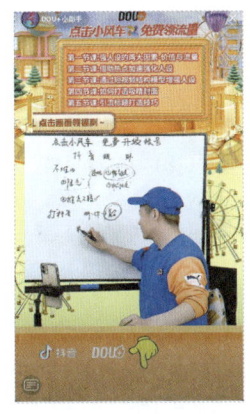

↑ 图 10-1

■ 使用电脑直播

主播要想获得更好的直播效果，可以用电脑配合相机进行直播。

新发布的相机，如索尼a 7M4等，可以直接将采集的画面及声音传输到电脑上。

如果是老一些款式的相机，则需要使用采集卡。采集卡的作用是在使用相机直播时，将相机拍摄的画面实时传输到电脑上。

在选择采集卡时，要关注一项很重要的参数，即"输出画质"。体积较小、价格较低的采集卡，如图10-2所示的，虽然可以输入4K/60Hz的内容，但只能输出1080P/30Hz的内容。

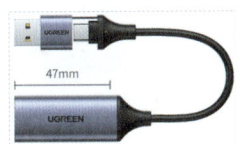

↑ 图 10-2

而图10-3所示的另一款价格更高的采集卡则可以输出4K/60Hz的内容，并且其具有的更多的接口也让视频和音频采集有更多选择。

另外，更高价格的采集卡也往往具备更低的延迟，可以避免直接通过电脑进行采音时出现音画不同步的现象。

↑ 图 10-3

3 种常见的收声设备

根据直播环境及对声音质量的要求，有不同的收声设备可供选择，常见的有以下3种。

高性价比的带麦耳机

如果直接用手机自带的话筒进行收声，会出现大量的杂音。而获得相对较优质的声音最简单的方法就是使用带麦耳机，如图 10-4 所示，这样可以在一定程度上提高音质并防止出现杂音。

室内常用的电容麦克风

如果在室内直播，并且希望获得更好的音质，那么电容麦克风是比带麦耳机更优的选择，如图 10-5 所示。需要注意的是，有些麦克风只能连接声卡使用，如果不打算购买声卡，则要在购买时注意区分。

↑ 图 10-4　　　　　↑ 图 10-5

便携的"小蜜蜂"麦克风

"小蜜蜂"麦克风又被称为无线领夹麦克风。其特点是体积非常小，可以隐藏在领子下，或者直接放在桌面上，用其他道具简单遮盖即可。

"小蜜蜂"麦克风分为接收端和发射端两部分，如图 10-6 所示。其中发射端与麦克风连接，通常会别在主播的腰间，而接收端则与手机或者电脑连接。

↑ 图 10-6

3 种常见的灯光设备

灯光设备与直播画质息息相关。如果一个直播间内光线充足，那么即便是用手机拍摄，也可以获得高清晰度的画面。所以在预算不足，无法既购买灯光设备又购买相机等其他直播设备的情况下，建议优先购买灯光设备。

环境灯

即便是使用专业单反或微单相机进行直播，在仅仅使用室内常规光源的情况下，也很难获得优质的直播画面。而当借用自然光进行直播时，又会引起画面色彩及明暗的变化。所以，负责照亮整体环境的灯光设备就显得尤为重要，而此类灯光设备就被称为环境灯，如图10-7所示。

环境灯通过柔和的光线让整个场景变得明亮，不会产生浓重的阴影。为了让光线尽可能柔和，柔光箱必不可少，主播还可以将光线打在屋顶或者墙壁上，利用反射光来提高室内亮度。

主灯

如果整个环境足够明亮，并且主播面部受光均匀，那么其实有环境灯就足够了。

但对于一些对面部受光状况有较高要求的直播，如美妆类直播，则建议增加主灯，让主播的面部表现得更细腻。

主灯建议选择如图10-8所示的球形灯，因为球形灯可以让主播的面部受光更均匀，起到美颜的效果。另外，球形灯的显色度也不错，可以让产品的色彩在直播中真实地表现出来。

另外，环形灯也是不错的主灯选择之一，其光线质量虽然不及球形灯，但性价比较高。如果觉得一盏环形灯放在正前方很晃眼，可以购买两盏，放在主播左右两侧，同样可以打造出非常均匀的光线。

↑ 图10-7

↑ 图10-8

辅助灯

辅助灯在直播间主要起到点缀作用，比如在背景中形成一些色彩对比，让直播间更有科幻感，或者通过小灯串为直播间营造温暖、浪漫的氛围等。

辅助灯通常使用RGB补光灯，主播可以手动调节多种不同的色彩，营造不同的氛围，如图10-9所示。

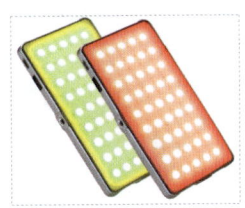

↑ 图10-9

10.2 使用手机直播的操作方法

打开抖音App，点击中间的加号，点击"开直播"，如图10-10、图10-11和图10-12所示设置必要的参数，然后点击"开始视频直播"即可。

↑ 图 10-10

↑ 图 10-11

↑ 图 10-12

10.3 使用直播伴侣直播的方法

为了获得更稳定的直播效果，建议将相机或者手机拍摄到的画面传输到电脑，利用抖音官方直播软件直播伴侣进行直播。

下载并安装直播伴侣后，即可看到图 10-13 所示的软件主界面。如果使用相机进行直播，则选择"摄像头"，并单击"添加直播画面"；如果使用安卓手机进行直播，则选择"窗口"，然后单击"添加直播画面"；如果使用苹果手机进行直播，则选择"投屏（iOS）"，然后单击"添加直播画面"。

此处以通过相机进行直播为例讲解操作方法。

❶ 在弹出的对话框中将"摄像头"设置为"ACASIS"（使用不同的采集卡时此处的名称不同）。这时，相机拍摄到的画面会实时显示在电脑屏幕上，如图 10-14 所示。

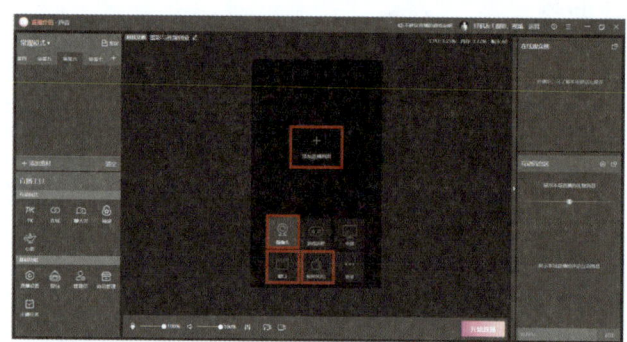
↑ 图 10-13

❷ 对直播画质、色彩空间和色彩范围进行设置。此处将直播画面分辨率设置为 1920×1080，帧率设置为 30FPS，这样足以呈现清晰、连贯的画面。将色彩空间设置为"709"，即高清电视标

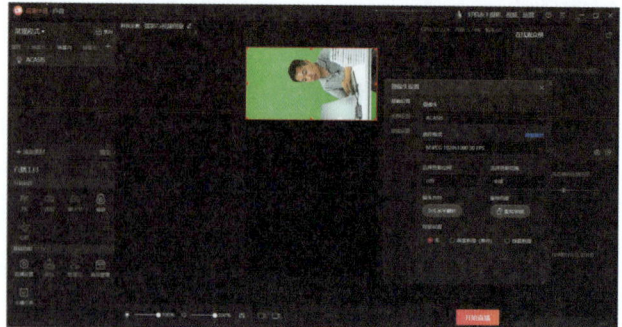
↑ 图 10-14

准色域，色彩范围设置为"全部"，让画面色彩更鲜艳，如图10-15所示。

❸ 如果需要将指定的图片作为直播间的背景，并且希望可以快速更换不同的背景，则需要在使用绿幕背景进行直播的基础上，单击图10-16所示的"绿幕抠图"，并将"颜色"设置为绿色（如果背景使用蓝幕则设置为蓝色）。

至于其余选项，比如"相似度""平滑度""对比度""亮度""溢出比""透明度"等，则可以通过实时显示的抠图效果进行调节，最终实现图10-16所示的画面中去除背景的效果。

↑ 图10-15

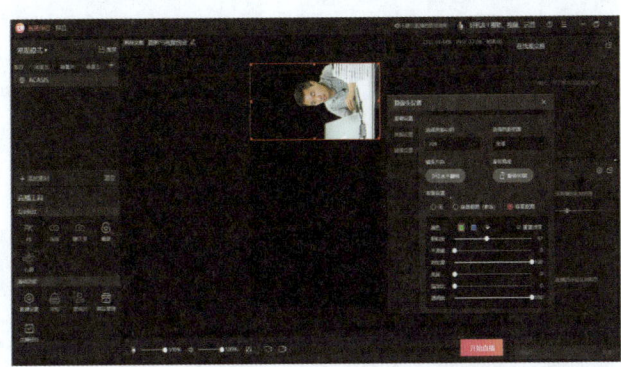
↑ 图10-16

❹ 选中画面（出现红框），在红框范围内单击鼠标右键，在弹出的菜单中选择"旋转"，调整人物在画面中的方向，如图10-17所示。

❺ 调整红框的大小，使其与直播显示区域的边缘刚好重合，充分利用直播显示区域，如图10-18所示。

❻ 在图像区域单击鼠标右键，在弹出的菜单中选择"设置"，如图10-19所示，即可对画面效果进行多种调整。

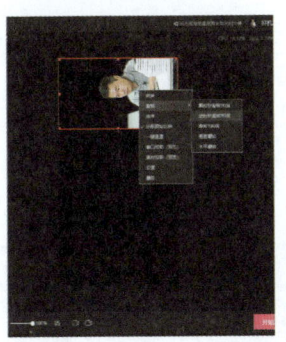
↑ 图10-17

↑ 图10-18

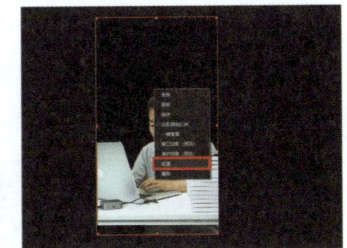
↑ 图10-19

❼ 比如选择"美颜设置"，即可对主播进行磨皮、大眼、调整下巴等美化操作，如图10-20~图10-22所示。

❽ 选择"滤镜设置"，即可选择不同的滤镜效果，快速得到与众不同的色调、影调。图10-23为"正常"滤镜，即不添加滤镜的原始效果。图10-24和图10-25分别为"奶灰"和"慕斯"滤镜效果，与"正常"滤镜对比可看出明显的变化。

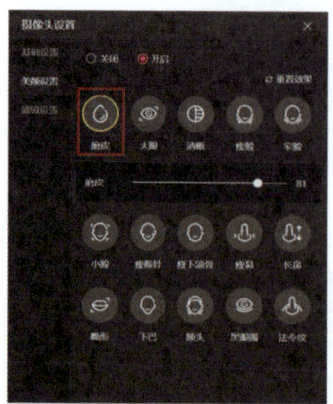
↑ 图 10-20

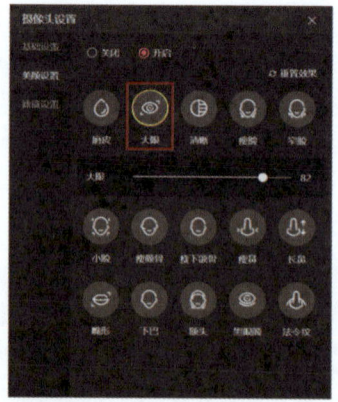
↑ 图 10-21

↑ 图 10-22

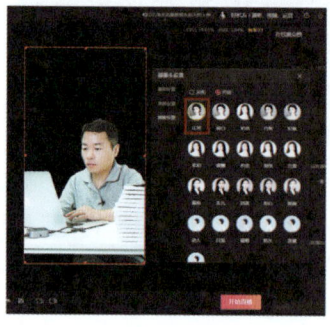
↑ 图 10-23

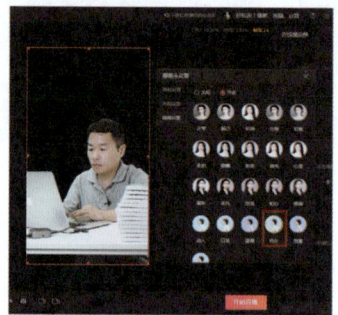
↑ 图 10-24

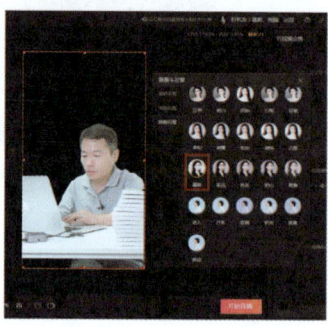
↑ 图 10-25

❾ 单击界面左侧的"添加素材",还可以对现有画面添加视频、图片或者其他摄像头、投屏画面等选项,如图 10-26 所示。

❿ 在图 10-26 所示界面中选择"图片",即可添加背景图,如图 10-27 所示。但此时图片遮住了人物,所以还需进一步处理。

⓫ 调整界面左侧的视频源与图片的顺序,让需要显示在上层的视频源位于图片的上方,此时即可将图片作为背景使用,如图 10-28 所示。

⓬ 单击左侧的"添加素材",可以添加其他图片,用以美化直播间。比如图 10-29

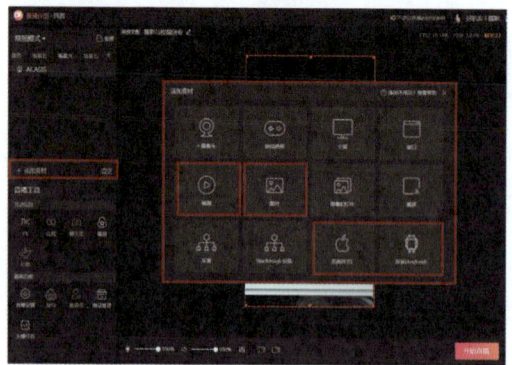
↑ 图 10-26

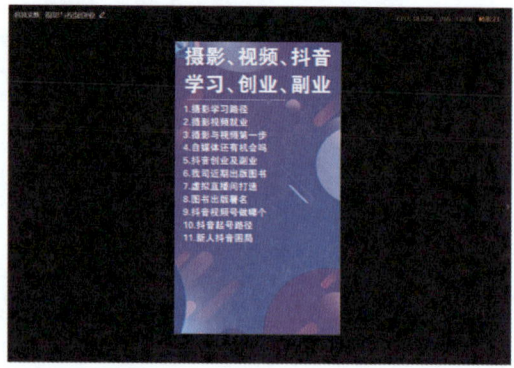
↑ 图 10-27

↑ 图10-28

↑ 图10-29

即通过添加图片，遮住了界面下方的桌子。添加图片后，选中该图片进行拖动，即可调整其位置。拖动图片红色边框四周的锚点，即可调整图片大小。

⑬ 想让直播画面看起来更有纵深感，并且更真实，也可以在对直播间进行精心布置后直接以实景进行直播。但需要注意的是，无论如何布置，都要确保画面整体是简洁的，如图10-30所示。

⑭ 在图10-26所示界面中选择"视频"，还可以打造动态背景，让直播间看起来更酷炫，如图10-31所示。但需要注意的是，动态背景会分散观众的注意力，不建议在介绍重点产品、需要让观众集中注意力时使用。

↑ 图10-30

↑ 图10-31

⑮ 在图10-26所示界面中选择"投屏（iOS）"，则可在图10-32所示界面中选择"无线投屏"。

⑯ 打开iPhone，确保手机和电脑连接同一Wi-Fi，从屏幕上边缘向下滑动，调出快捷操作栏并选择"屏幕镜像"，然后点击"抖音直播伴侣"，如图10-33所示，即可将手机投屏画面作为

↑ 图10-32

↑ 图10-33

↑ 图10-34

直播背景，如图10-34所示。

⓱ 如果在试音时发现有较多杂音，建议单击图10-26所示界面左下角的"直播设置"，在弹出的图10-35所示界面中选择"音频"，将"增益"调节至"-30"。如果依旧有杂音，则适当降低"输入音量"数值。若仍然无法解决问题，则建议更换麦克风，或检查麦克风插头是否有接触不良的问题。

⓲ 在"直播设置"界面单击"视频"，选择"智能推荐"，软件即自动检测上传带宽和电脑配置，并给出能保证流畅直播的最优画质设置，如图10-36所示。

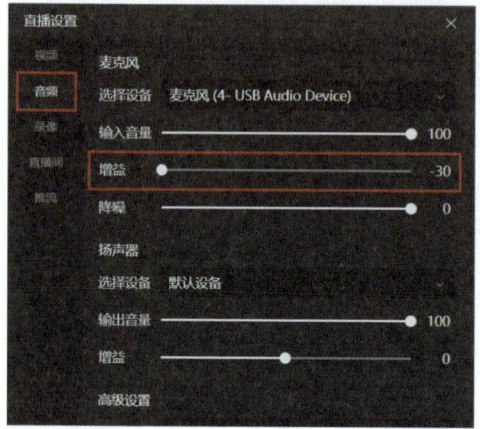

↑ 图10-35

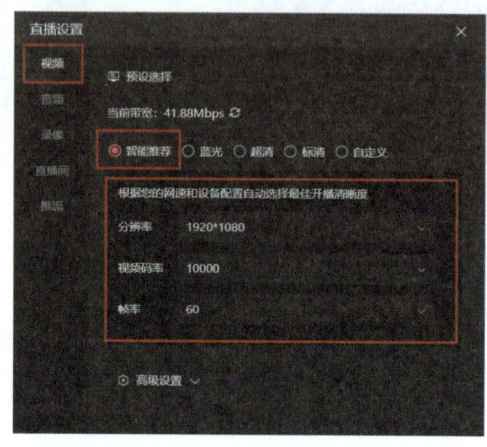

↑ 图10-36

⓳ 若希望自行设置画质，则可以选择"自定义"，并手动设置分辨率、视频码率和帧率。一般而言，分辨率达到1280×720，视频码率达到2000，帧率设置为30，即可获得较优的画面。在该案例中，虽然软件"智能推荐"的设置可以获得更高的画质，但对于教学类的直播内容而言，画质其实并不重要。所以笔者适当降低了画质，以求直播画面的稳定，如图10-37所示。

⓴ 主界面的左上角标有当前直播间的名称，该案例中的直播间名称为"摄影与视频创业"。点击其右侧的 ✏，如图10-38所示，即可进入"开播设置"界面。

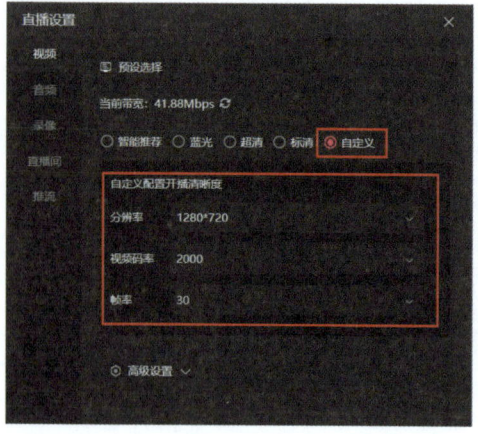

↑ 图10-37

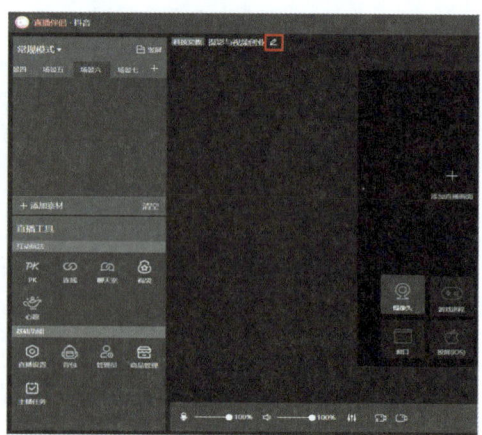

↑ 图10-38

㉑ 在"开播设置"界面，可对直播间封面、直播间名称、直播内容以及直播间介绍、定位等进行设置，如图10-39所示。

㉒ 在设置直播内容时，单击右侧的■，即可选择不同分类下的细分内容，如图10-40所示。需要注意的是，直播内容的准确设置可以让相关观众更容易发现该直播间，从而有效增加流量。

↑ 图10-39

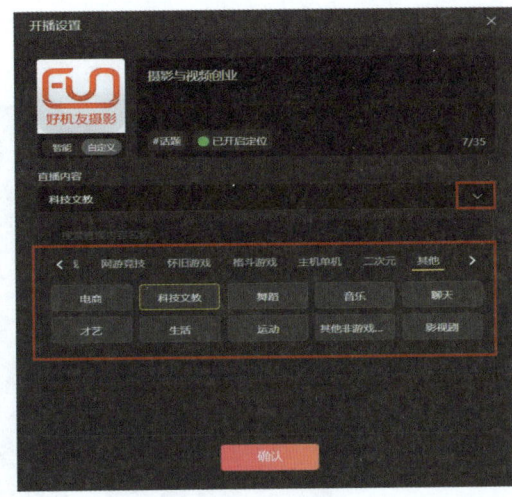
↑ 图10-40

㉓ 至此，可单击主界面右下角的"开始直播"进行直播。在直播过程中，可以通过主界面右上角的"观众信息"栏，看到当前直播间的观众数据；观众的互动信息则会在其下方"互动消息区"实时显示，方便主播与观众进行交流，如图10-41所示。

㉔ 为了吸引更多观众停留在直播间，并提高粉丝转化率，可以进行福袋发放。所谓"福袋"，其实就是抖音直播的一种抽奖玩法，中奖的观众会获得一定的抖币奖励。而观众参与的方式大多为"口令参与"，即观众只要按要求发布留言，就有机会获得福袋。以图10-42为例，只要观众发送"HAOJIYOU"，即可参与福袋抽奖。

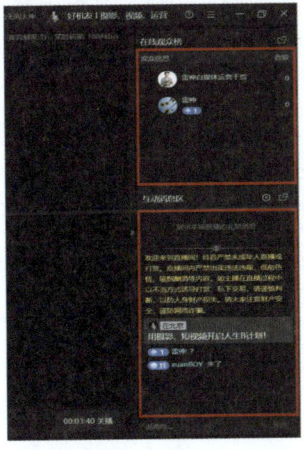
↑ 图10-41

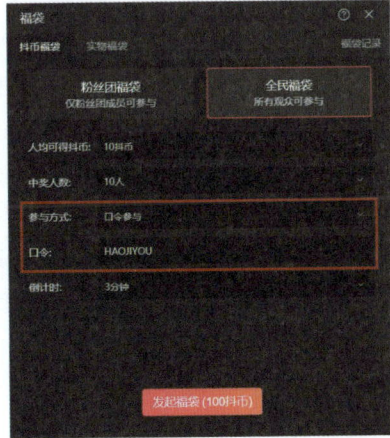
↑ 图10-42

㉕ 若将福袋设置为"粉丝团福袋",则可以促使直播间的观众转化为粉丝,毕竟观众只需花1抖币加入粉丝团即可参与抽奖,如图10-43所示。另外,口令参与的方式还能让直播间在抽奖期间出现大量评论,进而提高互动热度,有机会获得更多的流量扶持。

㉖ 在直播结束后,软件还会显示基本的统计数据,包括直播时长、收获音浪、送礼人数、观众总数和新增粉丝。从而让主播及时对直播效果有大概的了解,如图10-44所示。但如果想获得更详细的数据,则需要前往抖音直播官方后台进行查看。此部分内容将在本书第11章进行详细讲解。

↑ 图 10-43

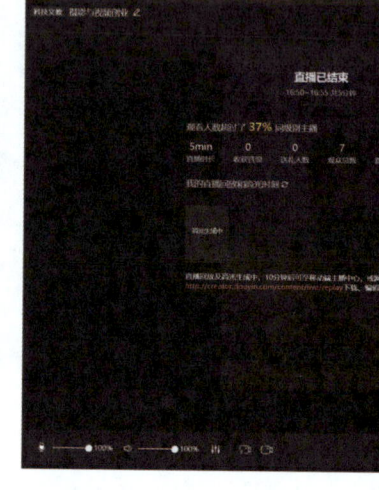
↑ 图 10-44

10.4 了解直播间的六大流量来源

只有了解了直播间的流量来源,创作者才能有针对性地对直播的各个环节进行优化,从而吸引更多的观众进入直播间。

■ 短视频引流至直播间

由于抖音以短视频为主,直播间的大部分观众其实都是来抖音看短视频的,所以想让直播间火爆,就要想办法通过短视频将观众引流到直播间。

因为抖音官方也明白直播间的主要流量来源于短视频,所以一旦开播,账号所发布的短视频就会有"正在直播"的提示。而为了增强短视频引流的效果,创作者往往会专门制作引流短视频。

直播间预热短视频

直播预热短视频应至少在开播前3小时发布,其主要内容是介绍直播的开始时间以及直播的核心亮点,以此来吸引观众,让观众在开播时能进入直播间,使直播的预热环节可以顺利开展。

比如图10-45所示为则直播预热短视频,其中着重强调了直播开播时间。

这种方式与电视台为某个节目播放预告是一样的效果,可以通过简短的画面进行信息的快速扩散,让更多的人知道直播信息。知道的人越多,直播间的观众就可能越多。

花絮短视频

花絮短视频也被称为"切片短视频",是指在直播过程中,从不同于直播的角度拍摄的现场视频。这种视频在拍摄完成后应第一时间进行发布,从而为直播间引流。

为了起到连续、不间断的引流效果,建议每半小时就发布一条花絮短视频。

由于花絮短视频对时效性的要求很高,所以无论是拍摄还是后期剪辑都要尽快完成。为了防止在实际操作时手忙脚乱,创作者可以先根据直播计划,安排好对哪个环节进行拍摄。后期剪辑中要加入哪些增强引流效果的文字也可以在前期想好,从而"保质又保量",如图10-46所示。

↑ 图10-45

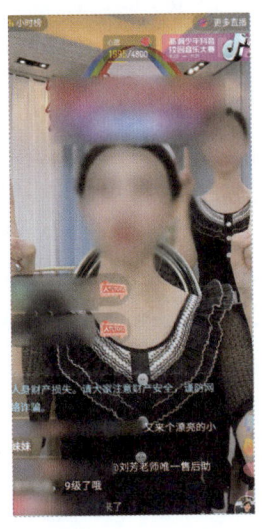

↑ 图10-46

● 直播推荐流量

创作者每发布一条短视频,通过审核后,抖音就会为其分发基础流量,数量为100~500不等。这是短视频的推荐流量,也叫自然流量。对于直播而言,一旦开播,抖音同样也会对直播间进行审核、打分,然后分发流量。这个流量就是直播推荐流量,也被称为直播间的自然流量。短视频引流和直播推荐流量组成了直播流量的重要来源。

直播推荐流量的高低主要取决于进入直播间的观众人数、观众停留的时长、观众互动这3个指标。当这3个指标满足要求后,抖音会给该直播间分发更多的推荐流量。因此,几乎所有与直播相关的设计,比如直播间的布置、直播环节设计(包括直播话术设计、选品)等,目的都是吸引观众进入直播间,并让观众在直播间停留更长时间,以及让观众乐于与主播互动,进而让抖音不断为直播间分发推荐流量,从而让该直播间成为

↑ 图10-47

一个火爆的直播间。

仅靠投放DOU+是无法实现像图10-47所示的高人气直播间那样同时有1万多观众观看的。只有直播间本身的内容足够优秀，让观众有足够的停留时长和积极的互动，才能在直播推荐流量不断增加的情况下，实现直播间观众的积累。

● 直播广场流量

直播广场流量与以上两种流量来源相比就要差很多了。因为只有观众特意向左滑动屏幕，或者点击直播间右上方的"更多直播"时，才会弹出直播广场，如图10-48所示。

直播广场中的内容是根据观众以往常看的直播类型进行推荐的，并且被显示在前排的往往是人气较高的直播间。

因此，想在直播广场中获得流量的前提是要有人气。有人气的前提就是短视频吸引的流量和直播推荐流量足够多。所以从某种角度来说，直播广场流量属于短视频吸引的流量和直播推荐流量比较高的情况下的产物。想单独通过直播广场流量来有效增加直播间的流量是不现实的。

↑ 图10-48

● 同城流量

抖音直播没有专门的"同城直播"界面，但观众在短视频界面可以浏览同城短视频。因此，直播的同城流量与同城短视频的流量是密不可分的。当观众在浏览某一账号发布的同城短视频时，如果该账号正好在直播，那么观众就很有可能被吸引至直播间。

同城流量对于有实体店的直播间而言非常重要，因为同城流量被吸引到线下实体店的概率要比非同城流量高很多。因此，为了尽可能多地吸引同城流量，账号在发布短视频时，务必添加实体店地址，最好是POI地址，从而直接展示店铺名称和位置，进一步提高转化率。

如果实体店与吃喝玩乐有关，当此类短视频流量增长后，该实体店就有机会登上如图10-49所示的"抖音吃喝玩乐榜"。一旦上榜，无论是短视频流量还是直播间流量，包括线下转化率，都会实现高速增长。

↑ 图10-49

● 官方活动流量

抖音官方会不定期举办直播活动，如果该活动与直播内容所属领域相符，则建议创作者积极参加。因为凡是参加活动的直播间，多少都会获得一些流量支持。如果直播效果不错，获得的直播推荐流量会更多。

另外，经常参加活动有助于提高直播间权重，并且其账号会被判定为活跃账号。与其他不参加活动的直播间相比，该直播间初始的直播推荐流量就会更多。总之，跟着官方走是不会错的。

如果你还不知道抖音直播活动在哪里找，可以关注"抖音直播活动"官方账号，第一时间获取活动信息，如图10-50所示。

↑ 图10-50

● 个人账号流量和关注页流量

之所以将个人账号流量和关注页流量放在一起进行介绍，是因为这两部分直播间流量属于私域流量，而前面介绍的均属于公域流量。

既然是私域流量，就只有关注账号的粉丝或者进入主页的观众才有机会看到直播通知并进入直播间。比如，观众在账号的个人简介中可以看到对直播时间的介绍，如图10-51所示。在关注账号后，在开播时会收到弹出的开播提醒，并且在"关注页"可以看到正在直播的账号等。

↑ 图10-51

10.5 开始一场直播前的准备工作

● 确定直播的4个基本信息

商品准备好之后，创作者就要确定直播的基本信息，如直播时间、直播时长、商品优势、销售语言等。只有确定了这些基本信息，才能有针对性地准备接下来的内容。

直播时间

对于新手而言，不建议在黄金时段（如晚上8点左右）进行直播。因为该时间段的竞争压力太大了，带货"大V"几乎都是在此时间段直播的，新手很难吸引到观众观看。因此，建议在上午或者中午进行直播，此时主播较少，竞争压力较小，直播间更容易被观众发现。并且一些"上班族"在中午休息时也有可能会看直播，这样有利于新手积累人气和粉丝。

直播时长

直播时长要根据准备的商品数量或主播的个人工作状态来确定。在状态良好的情况下，一般直播4～5个小时是没有问题的。直播时间越长，商品的曝光率也就越高。

需要强调的是，带货直播与大多数内容类直播不同。即便只卖一件商品，主播也可以直播几个小时，并不是说一定要不断地更换商品。

因为进入直播间的观众是为了了解商品，而不是看表演，所以流动性非常强，他们咨询完心仪的商品后可能就退出直播间了。主播在有观众提问题时就回答问题，没有问题就介绍一下商品，与观众进行互动，如图10-52所示，所以带货主播不用太担心直播内容匮乏的问题。

↑ 图10-52

商品优势

在直播前总结一下商品的优势非常有必要。因为主播在直播的大部分时间都是在反复强调商品的这些优势，从而激发观众的购买欲。

销售语言

商品的优势只有通过销售语言表现出来才会让观众更愿意买单。比如在介绍某种烤鱼食品时，某一带货"大V"曾经营造出一个场景：当你想吃烤鱼，但楼下餐馆已经关门时，撕开一包，加点水就能吃到像餐馆中那样香的烤鱼。

主播用这样的销售语言描述这个场景，既表达出烤鱼食品很方便且很美味，又让观众产生很强的画面感，从而有购买欲望。

● 熟悉直播活动的六大环节

如果是带货直播，创作者在进行具体的直播脚本撰写前，要先安排好不同时间段的内容。比如什么时候介绍不同的产品，在哪个环节加入粉丝活动，是否要加入经验分享或某种技能的教学环节等。只有提前策划好这些内容，才能对各项内容进行更细致的准备。

当然，带货直播的流程并不是固定的。优秀的、应变能力强的主播可以根据观众的反应及直播间的热度灵活调整内容。但对于刚刚开始直播的新手而言，按照流程走，最起码可以保证一场直播完整、顺利地进行。

热场互动

热场互动就像表演的"开场",只有让观众的情绪高涨起来,才有利于后面活动的开展及商品的销售。

具体来说,在热场互动环节,为了吸引观众的注意力,主播会快速介绍直播间的特点,对直播间内容感兴趣的观众就大概率会留下。

接下来,主播要将福利直接抛出来,发放福利是让观众更有热情的最有效方法和手段之一。在介绍福利的同时,也不要忘记强调"大家下手要快""买到就是赚到"之类让观众有紧迫感、感觉不抢就亏了的促销宣传。

第一组主打商品

在观众被福利调动起积极性后,主播千万不要立刻就送福利。因为如果在开场就把福利送出去了,可能很多观众就不会再进入你的直播间了。

正确的做法是,介绍完福利后开始上第一组主打商品,如图10-53所示。并且主播要强调"上完这组商品就给大家发福利"。即使部分观众会在这时离开直播间,但其中肯定会有心里惦记着福利,过一会儿就再回到直播间看一眼的观众。这部分观众因为多次进入直播间,如果对主播介绍的商品感兴趣,就有可能停留,从而大大提高粉丝或订单转化的概率,所以也是一部分重要流量。

↑ 图10-53

福利发放

第一组主打商品介绍完之后,就要开始发放福利了,否则会让观众反感,对于直播间口碑及粉丝、订单转化都没有帮助。

福利发放的方式有很多种,如"秒杀"、抽奖、红包,或者通过一些让观众更有参与感的活动发放福利。图10-54所示即为直播间进行的"秒杀"活动。观众点击右下角弹出的图片,即可快速参与活动。这样既给了观众实惠,又可以有效提高直播间的热度。

第二组主打商品或干货分享

福利发放环节会让直播间的互动量大幅提高,随之而来的还有更多涌入直播间的观众。所以,在内容安排上,要把最看好的、最有机会卖成爆款的商品放在第二组,从而让好商品获得更多的曝光。

↑ 图10-54

需要强调的是，对于新直播间而言，积累粉丝可能会比订单转化更重要。所以此时也可以不上第二组主打商品，而是做干货分享。比如美妆主播，就可以介绍美妆技巧，以此赢得观众的好感，大大提高粉丝转化率。

接下来就可以进行"带货—福利或活动"的循环。当然，一共有多少组商品、多少组活动或福利，分别安排在哪一时间段进行是需要提前安排好的。

结束直播并进行下一场直播预告

当所有商品和准备的福利、活动按计划完成后，即可结束当天的直播。同时，要对下一场直播的时间、活动以及主推商品进行简单介绍。

值得一提的是，下一场直播的时间务必多重复几遍，从而充分利用该场直播的流量，为下一场直播做宣传。

当以上流程均确定后，即可制作出类似表10-1的表格。创作者可以按照该表格进行接下来详细的直播脚本设计。

表10-1

4小时直播安排							
XX直播间（首次关注主播领取10元无门槛优惠券）每5分钟飘屏一次							
直播时间：15:00—18:00；19:00—21:00（5个小时）							
主题（护肤小常识让你回归自然皮肤）							
时间段	主讲人	内容	目的	商品介绍	时段销售指标	时段在线人数	备注
15:50—15:55	XX	预告今天的直播内容及优惠活动	热场	全部	0	0	
15:55—16:05	XX	抽取2份无门槛当天使用券	活跃气氛	无	0	100	
16:05—16:20	XX	补水小窍门讲解	引入商品	XX套盒	0	200	
16:20—16:50	XX	代入补水商品进行讲解	讲解商品	XX套盒	500	400	
16:50—17:00	XX	抽取直播奖品并引导转发	裂变	无	0	600	
17:00—17:15	XX	控油小窍门讲解	引入商品	YY套盒	0	600	
17:15—17:45	XX	代入控油商品进行讲解	讲解商品	Y套盒	500	800	
17:45—18:00	XX	预告晚上直播内容	铺垫	全部产品	1000	1000	利用晚上活动促销
19:00—19:05	XX	预告今晚主要讲解内容及优惠活动	热场	剩余产品	0	200	
19:05—19:15	XX	抽取2份无门槛当天使用券	活跃气氛	无	0	400	下单购买的朋友可以参加
19:15—19:30	XX	讲解敏感肌小知识和敏感肌产品	引入商品	XXX套盒	0	600	
19:30—20:00	XX	讲解敏感肌产品	讲解商品	XXX套盒	500	800	
20:00—20:10	XX	抽取直播奖品并引导转发	裂变	无	0	1000	
20:10—20:25	XX	讲解祛痘小知识	引入商品	YY套盒	0	1200	
20:25—20:55	XX	讲解祛痘商品	讲解商品	YY套盒	800	1400	
20:55—21:05	XX	免单抽奖或明日预告	促单	无	1000	1400	

直播复盘及数据分析

　　直播虽已结束，但创作者依然不能休息，要趁着刚刚直播完，对过程中的细节、效果还有清晰记忆时进行复盘，发现、总结当场直播中出现的问题，并从观众的角度找到销售语言上及福利或活动流程上的欠缺。

　　创作者通过数据分析可以直观地了解直播效果，并利用其中表现较差的数据来分析判断出哪些是亟待优化的流程和环节。

■ 单品脚本中应包含的 4 部分内容

　　直播脚本是大部分对自己有更高要求的带货主播的必做功课，也是对直播内容进行精细安排的一种方法，可以将其理解为直播的剧本。直播脚本分为单品脚本和整场脚本。顾名思义，单品脚本是指对单一商品的直播内容进行梳理的脚本，而整场脚本则是对整个直播时间内各个环节进行细节设计的脚本。下面介绍单品脚本中应该包含的内容。

1. 商品的卖点和利益点

　　单品脚本要明确商品的核心竞争力在哪里，并且在直播过程中多次强调，突出商品的实用性。图 10-55 所示即为主播正在介绍一款双开门冰箱时的画面，主播在介绍过程中多次强调这款冰箱空间大、性价比高的特点。

2. 视觉化的表达

　　直白地介绍一件商品多么好、多么实用是非常苍白无力的。营造一个使用场景，可以让观众产生画面感，更有利于宣传商品。那么具体营造一个什么样的场景，则是在单品脚本中需要写明的。

↑ 图 10-55

3. 品牌介绍

　　品牌是商品质量的保证。如果可以的话，应向商家了解那些有利于销售的数据，比如一个月卖出了多少件，使用了什么先进的技术，获得过哪些认证或大奖等，让观众对这件商品产生信赖感。

4. 引导转化

　　这部分内容主要用来打破观众的最后一道心理防线，所采取的形式也比较多样。主播可以采用饥饿营销的方式，比如限量 100 件每件 99 元，之后恢复 135 元一件，然后在直播间用"5、4、3、2、1，抢！"的方式让观众在需不需要买的问题上不再犹豫，感觉合适可能就真会抢购了。而具体采用什么形式完成最后的引导转化，则应该在单品脚本中有所体现。

整场脚本的基本结构

一场直播不仅有对商品的介绍，还需要进行热场、不同环节的衔接，以及活动或者福利的玩法介绍等，这些内容都应该提前在脚本中提前准备好。

对于刚开始直播的主播而言，最好是将所有内容完整地撰写在脚本上；对于经验丰富、可以熟练掌握直播话术的主播而言，则可以在脚本中只简单撰写大致内容，然后在直播过程中自由发挥。比如下文就是刚入行的主播在一场抖音创业直播中，提前撰写好的开场话术。

"亲爱的观众们，走过路过不要擦肩错过，我是××！

这是我在抖音直播间创业的第X天时间。刚刚开播两分钟，如果大家也希望通过直播创富，不妨听听XXX的介绍，时间不长，作用不小。我用一首歌的时间，给你介绍一下我们的项目，也许就能改变你的财富观，帮助你在抖音上获得收入。"

而对于有着丰富直播经验的主播而言，只需要准备好类似下文的脚本结构再根据直播现场情况临场发挥即可。

❶ 打招呼、热场。
❷ 第1～5分钟，近景直播。
❸ 第5～10分钟，剧透今日新款和主推款。
❹ 第10～30分钟，将今天的所有商品全部快速过一遍。
❺ 30分钟后正式进入商品逐个推荐环节。
❻ 离结束还有2小时时，进行呼声较高商品的返场推荐。
❼ 离结束还有30分钟时，完整演绎爆款购买路径，教粉丝领取优惠券并完成购买。
❽ 离结束还有10分钟时，预告明天的新款。
❾ 最后1分钟，强调关注主播、第二天的开播时间及相关福利。

直播效果调试

直播前需要做的最后一项准备工作是效果调试。如果是首播，那么调试工作必不可少，因为有很大概率在调试时发现之前没有考虑到的问题。

建议在每次直播前都进行一次试播，这样才能尽可能地确保正式直播时场景、灯光、屏幕提示词等直播要素没有问题，如图10-56所示。

效果调试的主要目的是检查是否存在以下几个问题。

❶ 直播画面是否流畅、清晰，网络是否稳定。
❷ 画面亮度、色彩是否正常，能否正确还原商品本身的色彩。
❸ 直播声音是否清晰，是否有噪声。
❹ 取景范围内是否有杂物，或者一些不该在直播画面中出现的景物。
❺ 直播过程中能否清晰地看到观众的留言。
❻ 推荐的商品能否在画面中被清晰、完整地展现。

↑ 图10-56

10.6 3种观众不会拒绝的抽奖玩法

"秒杀"玩法终归还是需要观众花钱买东西,所以一些很理性的观众在看到"秒杀"的商品自己并不需要时,就不会参与活动。而抽奖玩法则不同,因为没有参与的门槛,一旦中奖就是白赚,没有中奖也不会有任何损失,所以几乎不会有人拒绝,因此对活动的热度更有保障的。

当然,抽奖活动的缺点就是,主播不仅无法从中获取金钱上的收益,还需要投入。但是,投入换回的则是较高的流量。

■ 红包抽奖玩法

红包抽奖玩法的特点

抖音直播间自带红包抽奖功能,其机制与微信红包的拼手气功能相同。当在直播间内发放一个红包后,先点击的指定数量的观众会获得红包,但每人获得的金额则是随机的,从而产生抽奖的效果。

如果只是单纯地发红包给观众作为福利,其性价比会显得比较低。所以建议在发红包前10分钟提前预告一下,这样就可以将这10分钟内进入直播间的大部分观众留住。

比如主播可以说"为了感谢大家对我的支持,今天就实打实地给大家福利,咱们直接发红包。10分钟之后发500元红包,50份,看各位的手气!"然后可以在旁边立个小牌,写着"XX时间,直播间发500元红包",让进来的观众一眼就能看到。

红包抽奖的操作方法

在直播间发红包的具体方法如下。

❶ 开播后点击界面右下角的 ⋯,如图10-57所示。
❷ 点击界面下方的"礼物",如图10-58所示。
❸ 向右划动即可找到"红包",如图10-59所示。

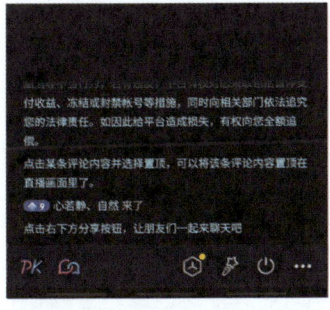
↑ 图10-57

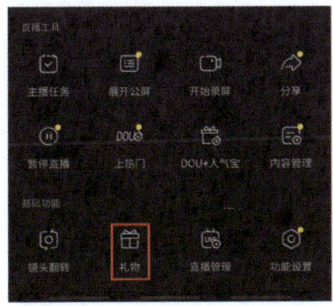
↑ 图10-58

↑ 图10-59

❹ 点击"红包"后，选择"抖币红包"，如图10-60所示。之所以不建议选择"礼物红包"，是因为该红包随机开出的是各种礼物。而礼物终归还是要刷给主播才具有价值，所以会显得这个红包没有诚意。而"抖币"毕竟是可以提现的，所以相当于直接给观众发现金，观众也更乐于去抢这种红包。同时这种做法会大大拉近主播与观众之间的距离，提高粉丝转化率，增强粉丝黏性。

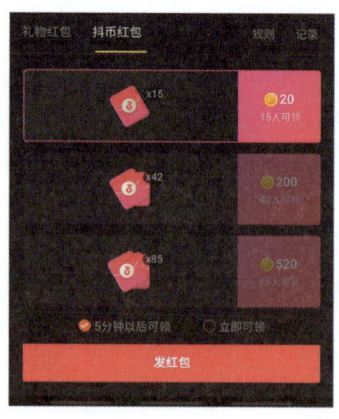

↑ 图10-60

福袋抽奖玩法

福袋抽奖玩法与红包抽奖玩法的区别主要在于每个福袋的金额是相同的，而且得到福袋的观众是随机的，不是靠拼手速"。同时，由于福袋玩法是专门给主播提供的发福利的方式，所以其设置要比红包更丰富，玩法也更多样。

利用福袋获得超多互动

参与福袋玩法需要满足一定的条件，不同的条件有不同的效果，其中最常见的就是口令福袋。

当将"参与方式"设置为"口令参与"后，观众只有在直播间发送指定口令才能参与福袋抽奖。这种玩法可以促使几乎直播间的所有观众都发言进行互动，进而通过提高互动率来获得更多的流量。

同时，因为口令是主播设置的，所以口令还能够让刚进入直播间的观众一眼就知道接下来要推出什么商品，或者有什么重磅活动。比如，将口令内容设置为"双十一特惠单品十点开抢"，如图10-61所示，即可达到宣传的作用。

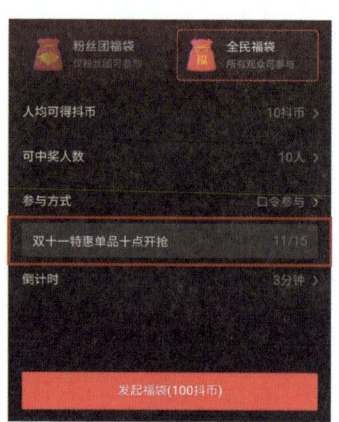

↑ 图10-61

利用福袋增加粉丝数量

若选择发送粉丝团福袋，则只有加入粉丝团的观众才能参与抽奖，如图10-62所示。这样做有两个作用：对于已经是粉丝团成员的观众而言，可以增强粉丝黏性，让他们觉得"这个主播真宠粉"；对于还没有加入粉丝团的观众而言，则会促使他们加入粉丝团，从而参与这次福袋抽奖。

↑ 图10-62

利用福袋增加观众停留时间

福袋可以设置"倒计时",如果设置为倒计时5分钟,即在5分钟后才会开启福袋。这就使得那些想要福袋的观众会在直播间停留5分钟。即便不停留,他们也会在福袋将要开启时再次进入直播间,同样会增加其在直播间的停留时间。图10-62所示,即为设置倒计时后,还有1分零8秒开启福袋的界面。

福袋抽奖的操作方法

在直播间发起福袋抽奖的具体方法如下。

❶ 开播后点击界面下方的 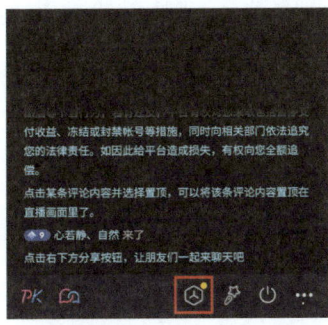,如图10-63所示。
❷ 点击"福袋",如图10-64所示。
❸ 对福袋抽奖各参数进行设置后,点击"发起福袋"即可,如图10-65所示。

↑ 图10-63　　　　　↑ 图10-64　　　　　↑ 图10-65

■ 截图+问答抽奖玩法

自从抖音有了福袋抽奖玩法后,截图抽奖玩法的使用频率就降低了。主要是因为相比于手动截图抽奖,福袋自动抽奖更便捷也更透明。但如果要结合问答玩法进行福利发放,依旧只能使用截图抽奖。

让观众更有参与感和成就感

截图+问答抽奖玩法的价值在于可以让观众更有参与感。因为无论是红包抽奖还是福袋抽奖,观众都不需要动脑子,只需点一下屏幕,或者按主播要求发送一段口令就可以参与。这种过于简单的"游戏"虽然给了观众福利,但很难让观众有参与感,在增加直播间吸引力和粉丝黏性方面也就有所欠缺。

而在截图+问答抽奖玩法中,活动方式是问答,抽奖的方式是截图。问答这种方式会令观众在参与活动时更紧张,在正确回答问题并且通过截图中奖后,获得的成就感要比红包抽奖和福袋抽奖高得多,也就会对直播间产生更强的依赖性。

截图 + 问答抽奖的操作方法

截图+问答抽奖的操作方法如下。

❶ 主播先向观众介绍清楚活动方法,比如提出问题后,给观众10秒回答问题的时间。时间一到,截屏并取屏幕中留言的前3名作为获奖观众。
❷ 提出一个问题,比如"主播明天几点开播"。
❸ 倒计时10秒结束时截屏,并将截屏画面给观众看,公布获奖人员。
❹ 让获奖观众私信主播领取奖品。

10.7 大幅增加停留时长的技巧——憋单

创作者在运营新号时,会因为直播间没有口碑和人气,很难长时间留住观众。无法留住观众,自然很难让观众产生购买商品的冲动。而为了度过"起号"这一困难阶段,憋单就是一种很好的方式。

在介绍憋单之前需要强调的是,一些人认为抖音官方是禁止憋单的,但其实禁止的是恶意憋单。也就是说,抖音承认憋单是一种正常的增加停留时长的做法,但认为一些"过分的"做法,比如超过20分钟的长时间憋单,并且上库存数量特别少,比如只上一个库存的做法就属于恶意憋单。这样做的主播会被停播,甚至会受到封号惩罚。

而以下内容所讲的憋单其实是一种向观众提供福利的方法,并且憋单时间控制在5分钟以内,上库存数量也应保证高于当前直播间人数的1/10,从而防止被处罚。

■ 认识何为憋单

所谓憋单,其实就是选择一款非常具有吸引力的商品,设置一个较低的价格,并不定时地以上库存的方式进行售卖,进而吸引观众停留在直播间等待抢购。

在憋单的过程中,主播不能忘记通过一些话术让观众积极互动,以此提高直播间权重,获得更多流量。同时,要控制好库存数量,只能让一小部分观众抢到商品,而没有抢到的大概率会等待下一波上库存,从而进一步增加观众的停留时长。

需要注意的是,憋单虽然能够增加观众停留时长,但毕竟是以较低价格售卖的商品,所以用来憋单的商品几乎是无法产生收益的。因此,憋单不是目的,重点是在憋单的过程中介绍利润款,也就是利润较高的商品。当观众抢不到憋单款时,就有可能购买利润款。

5步憋单法

将观众留在直播间的憋单技巧，并不是低价售卖商品那么简单，其需要完整的流程来确保对观众时刻有强大的吸引力。

第一步：开播上福袋

开播上福袋的目的是让进入直播间的观众愿意留在直播间听主播介绍后面的很具吸引力的憋单款。如果没有这个福袋，还没等到主播介绍憋单款到底性价比有多高，很多观众可能就流失了。

这个福袋的倒计时不要设置得太长，其时间足够将憋单款介绍清楚即可。通常在2分钟以内。

第二步：介绍憋单款

主播要将憋单款介绍得足够有吸引力，并强调这是给观众的福利，所以价格很低，而且数量有限。同时，主播还要说明会在不同时间段分别放出库存。但此时务必不要报出具体的价格，为的就是保持吸引力，不断增加直播间人数，等直播间人数增长放缓时，再报价、开单。

第三步：设定上库存的条件

为了充分发挥憋单款的价值，主播可以告诉观众上库存的条件，比如"想要这个福利的观众发一个1，有100个观众想要就给大家开库存。"

这一步的目的就是提高直播间互动量，从而提高直播间的权重，并为下一步做铺垫。

第四步：争取出介绍利润款的时间

如果憋单款确实足够吸引观众的话，此时一定有很多人在发"1"。这时主播就可以借势说"大家在公屏上发的1太多了，主播数不过来，后台帮我统计一下，有100个观众发1后咱们就上库存开抢"。

接下来，主播趁着这段时间介绍利润款。需要注意的是，因为此时的观众都等着抢憋单款，所以直播间流量会比较大，此时介绍利润款更容易获得订单转化。

第五步：为憋单款开库存，并发福袋

利润款介绍完之后，就要为憋单款开库存，这时再报出价格，当然这个价格一定要压到很低。开库存时有一个细节，就是不能让大多数人都抢到，因为抢到的观众大概率会离开直播间，所以一般将库存设置为直播间人数的1/10即可。并在开抢前务必强调"没有抢到的观众还可以领福袋，我们之后还会继续上库存，大家还有机会"，以此继续

保持直播间对观众的吸引力。

在观众抢单之后,主播就需要立刻发出福袋,接下来继续重复第二步至第五步即可,直至直播结束,从而完成一场以憋单为主,通过较低的成本,整场都有福利吸引观众的直播。

■ 四大憋单必学语言表达

如果在利用憋单技巧做直播时,主播不知道怎样既可以增强直播间对观众的吸引力,又可以让观众在没有抢到商品时不至于情绪激动,就可以参考以下语言表达技巧。

常规憋单语言表达

这种话术重点是强调商品价格优惠。例如"我们初来乍到,广告费直接拿来给大家做活动。我们不玩虚的,真实放单。这针织衫一件我亏60元,今天给大家准备了50单,不要有情绪,不要带节奏。如果这款抢不到,下一款也准备了50单,能做到支持主播吗?能的话,希望大家可以把粉丝灯牌给我亮一下,我们3分钟后先上5单测试一下网速。"

有观众闹情绪时的语言表达

这种话术的重点是安抚粉丝的情绪。例如"我是新主播,今天是开播第一天哦。这个羊毛打底衫,店主拿出20单亏本做活动。我想我第一次做主播,能多几个粉丝牌算几个粉丝牌,我自己拿工资,再亏10单拿给大家好不好?我实话实说,一共30单,还是我自己贴了钱的情况。一会儿开抢,如果没有抢到的话,不要生气,不要带节奏。抢的人多的话,我再去申请一波。大家能不能支持下主播,如果能的话,打出'支持'两个字好不好?"

让观众感觉"值得一抢"的憋单语言表达

这种话术的重点是通过比价,让粉丝认识到价格优惠的幅度非常大。例如"我们有2000家门店,这个商品的线下统一价格是299元,今天直播间的观众可以享受批发商的价格,只要19.9元。"

"大家可以看一下,在其他平台上的价格是350元,而我们这里一瓶只要19.9元。"

"这款商品有很多人代理,去年双11的代理价格是69元,而今天的直播间观众只要19.9元就能买到手。"

体现"憋单款"高级感的语言表达

这种话术的重点是强调商品的细节特点及与众不同之处。例如"第一次来我直播间的姐妹们还有没有没抢到我身上这款独家设计的珍珠连衣裙的,没抢到打个"没"字。

姐妹们看一下,这款连衣裙是不是很显瘦、很显气质、很高级?再给姐妹们拿近看一下,它都是双包边双走线的。它在线下实体店卖299元,今天用一杯咖啡的价格直接让你带回家,给不给力?来,后台开始统计,准备上库存开抢。"

10.8 用组品玩转直播带货

很多新手只是单纯地准备好要在直播间出售的商品,然后按照顺序依次进行介绍。这样做的弊端在于,只要其中一件商品不合观众的胃口就会导致流量大幅减少。

如果仔细观察直播带货的头部主播的直播,我们就会发现,他们准备的每款商品相互之间似乎都是有"配合"的。即便观众人数会有波动,但从整体上来看是在不断增加的,这些商品其实就是组品。

■ 组品的构成

既然叫"组品",也就是说,所选的商品应该是一个"组合",彼此有不同的定位和作用。

虽然针对各种特定情况,组品的构成会有变化,但基本上都包括"引流品""承流品""利润品"3种。这3种商品的选品目的、关注指标和商品特点如表10-2所示。

表10-2

	引流品	承流品	利润品
选品目的	通过微亏来换取更多流量	稳定流量的同时赚取微利并提高销量	中高利润的商品
关注指标	人气指标、互动指标	商品指标、订单指标	人气指标
商品特点	需求量大、应用场景多、性价比高	主推的核心爆品、具备价格优势的商品	符合观众用户画像特点的商品

■ 引流品不能成为直播带货的主角

新手因为担心直播间人气不够,所以可能非常看重引流品,认为"当引流品足够吸引人时,才会有大量观众进入直播间。直播间的观众多了,后面不管卖什么都好卖。"

这其实是一个很常见的误区。

因为如果引流品太过引人注目,当从引流品转到承流品时,就会导致很多观众"看不上""不喜欢",从而导致亏钱的引流品卖得很好,赚钱的承流品却卖不出去了。那么一场直播下来,肯定是处于亏损的状态。

所以不要太过重视引流品，选择一些便宜、实用、泛用性强的小物件，就足够吸引观众进入直播间了。因为想要占便宜是一种很普遍的心理，即使这个小物件对自己没有太大用，也有人想要去抢一抢。

● 承流品才是直播带货的重中之重

当通过低价、实用的引流品将观众吸引到直播间后，接下来要推的承流品才是重头戏。因为承流品是有利润的，并且担负着增加订单数量的任务。

对于一个带货直播间而言，抖音会将该直播间的成交数据作为依据，判断是否继续为该直播间增加流量。正因为如此，引流品才不能那么突出，否则把观众的胃口带高之后，承流品就很难卖出去了。

在介绍承流品时，主播要将重点放在商品本身的质量、性能等方面，不要着急报出价格。当用商品的一系列优势牢牢吸引住观众后，在准备开单前再报出价格，可以获得更好的订单转化效果。

承流品不能简单地在网上搜索一下就敲定，而需要主播根据所属的垂直领域，仔细对比多家商品，并亲自进行体验，再选择最优质的商品。

● 通过利润品满足小部分客户的需求

主播在直播前就要确定直播间目标客户的消费能力，并以此确定承流品的价格区间。比如销售服装的直播间，主要面对消费能力在单价一百元左右的观众，那么其承流品的价格就应该在一百元左右。但是，总会有小部分观众想买更好一点的商品，这时主播就需要利用利润品来满足他们的需求。

需要注意的是，如果利润品与承流品是同一类商品，比如都是卫衣，那么利润品可以选择设计上更时尚的卫衣产品，然后价格提得高一些。

以图10-66所示的直播间的组品为例，有"推荐"标志的就是承流品，是主打商品，卖153元，其下方的利润品则卖217元。最下方的69元的则是引流品，属于新人福利，用来增加流量。

注意，利润品一定要与承流品拉开价格差，最少为30%，否则同样会打压承流品，导致面临承流品没人愿意买，而利润品大家嫌贵也没人买的窘境。总之，要记住承流品是重中之重，引流品和利润品都是为承流品服务的。

↑ 图10-66

● 在直播中灵活调整组品

有了组品的概念后，想必大家就知道如何通过不同定位的商品，来让直播间获得盈利并保持热度了。

在实际直播过程中，很可能出现与预期不相符的情况。比如，引流品确实拉来了观众，但是在上承流品时，却出现直播间内观众快速减少的情况。这时主播就不要按部就班地介绍完承流品后再介绍利润品。因为大家连承流品都不感兴趣，就更不要提更贵的利润品了。所以此时主播要及时调整，砍掉利润品，并及时结束该承流品的讲解，更换下一个承流品，看能否稳住流量。

无论流量有没有稳住，在换了一个承流品后，都要立刻再上引流品增加流量。如果更换的承流品稳住流量了，那么就可以选择与之相近的商品作为承流品；如果更换的承流品依旧没有稳住流量，则再继续更换承流品。

不要害怕在直播过程中经历失败，正是在一次次试错的过程中，你的选品才能越来越符合观众的口味，直播间才能越做越好，货也才能越卖越多。

值得一提的是，如果怕因为流量下滑而立即转品有些尴尬，可以让团队的其他人员扮演观众在直播间评论区留言要求讲解其他商品，这时主播就可以自然地说"看到有的观众要求讲一讲某某号链接的产品，它……"，从而让转品更流畅。

10.9 需要重点关注的四大直播数据

抖音提供的直播数据是非常全面的，其中有4个直播数据需要重点关注，因为这些数据可以反映出一场直播的整体情况。

■ 平均在线人数

平均在线人数指的是整场直播平均同时在线的观众人数。

在一场直播中，直播间内的人数一定是不断发生变化的。在图10-67中，黄色曲线代表进入直播间的人数，蓝色曲线代表离开直播间的人数，紫色曲线则代表实时在线人数。也就是说，不断有人进入直播间，也不断有人离开直播间。

因此平均在线人数是判断直播间人气最直接的数据。因为只有具备一定的粉丝基础，让观众喜爱的直播间，才能让大量观众留下观看直播。

一个新手哪怕直播质量再高、直播效果再好，在刚开始的几场直播中平均在线人数都不会很高。这是因为知道这个直播间的观众本身就不多，因此能在线的人数的上限就相对较低，即便进来的观众都留在直播间观看，直播效果也无法与已经有一定粉丝基础的大主播相提并论。

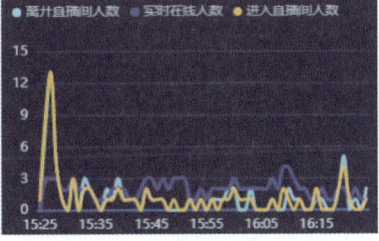

↑ 图10-67

另外，目前大主播可以实现平均在线人数千人以上，而绝大多数主播只有几十人。这就反映出了直播间留不住人的问题，绝大部分观众都是进直播间看一眼就立刻离开了，所以平均在线人数始终上不去。

因此，平均在线人数低，不一定是因为流量少，很大可能是因为主播留不住人。这时主播就要在内容上找原因，搞清楚自己为何不能吸引住进入直播间的观众。

● 人均观看时长

人均观看时长是判断内容是否吸引人，以及主播发展潜力的关键指标。人均观看时长越长，证明直播间的内容越吸引人。哪怕最高在线人数比较低，但只要人均观看时长满足要求，则证明内容没有问题，主播只需要考虑如何提高直播间曝光度。

相反，如果一个直播间的人均观看时长很短，则主播需要在直播画面吸引程度、直播风格吸引程度，以及货品结构合理性和标签是否准确等方面寻找原因。

需要强调的是，绝大部分观众在进入直播间的1分钟内就会决定去留。所以如果观众进入直播间的停留时长只有1分钟左右，那么基本上可以断定，直播内容完全没有引起观众的兴趣。

● 转粉率

所谓转粉率，即新增关注直播间的观众占所有进入直播间前未关注直播间观众的百分比。直播间转粉率较高，证明直播的内容较能受到观众的认可。同时，粉丝的转化对于今后的直播热度也有很大的意义。

转粉是需要主播通过语言去引导的。所以当转粉率比较低时，主播除了要考虑是否存在内容不佳的问题，也要考虑是不是没有提醒观众关注直播间。

值得一提的是，当主播在直播间推出一些活动时，可能会获得较多的流量倾斜。这时除了放出直播间的干货内容，最好做一个福利活动来提高转粉率，从而更好地利用活动带来的流量。

● 互动数据

互动数据是抖音判断是否继续为直播间提供流量的重要指标之一。互动数据低的直播间，其气氛往往比较沉闷，观众在直播间的参与感也会很差。作为主播，应该策划一些活动来调节直播间的氛围。除此之外，在直播过程中，主播要尝试多与观众进行交流，不要将直播做成单方面的内容输出。事实上，互动数据低往往也会造成观众停留时长短和转粉率低，这是因为不知道如何与观众交流的主播往往很难留住观众，也很难与观众打成一片、拉近距离。

10.10 判断直播数据好坏的标准

明确数据好坏的标准，是分析直播效果的基础，因为这样才能知道哪些数据不太好，进而分析造成该数据不理想的原因，优化直播效果。

● 平均在线人数的评判标准

平均在线人数决定了直播间的人气，是判断能否带动卖货的前提。平均在线人数低的直播间，订单量通常不高。如果一个直播间的平均在线人数可以达到50人，就证明其主播具有基本的带货能力；低于50人，则要在话术、流程设计及选品等方面找原因。

● 人均观看时长的评判标准

人均观看时长最能说明内容的吸引力，30秒及格，2分钟优秀。如果人均观看时长短于30秒，有可能是因为内容不佳，还有可能是因为标签不准确，导致进直播间的观众对相关内容不感兴趣，所以很快就离开了。

● 转粉率的评判标准

转粉率对于直播间热度的提高至关重要，30%属于及格，50%属于优秀。如果转粉率低于30%，主播就要思考为何观众不希望再次来自己的直播间。是因为商品不够好？商品价格不合理？还是因为没有让观众感觉到还能学到更多的内容？或者是缺乏提醒关注的话术？

● 评论率和订单转化率的评判标准

对于带货直播而言，互动率主要看评论率和订单转化率。评论率5%及格，10%优秀；订单转化率10%及格，30%优秀。如果评论率偏低，主播则需要在直播过程中多与观众进行互动。如果订单转化率偏低，主播则要思考选品、定价及话术等是否存在问题。

10.11 在创作服务平台查看直播数据

首先需要强调的是，创作服务平台提供的直播数据非常简单，也不够全面，所以只能作为概览。而且，非带货直播的数据只能在该平台进行查看，带货直播的数据可以在更全面的直播数据平台——抖音电商罗盘上查看。

查看数据的方法

❶ 打开百度，搜索"抖音"，单击带有"官方"字样的链接，如图10-68所示，进入抖音官网。

❷ 登录抖音账号后，单击右上角的"创作者服务"，如图10-69所示。

❸ 单击左侧导航栏中的"直播数据"选项，如图10-70所示，即可查看"数据总览"或"单场数据"。

↑ 图 10-68

↑ 图 10-69

↑ 图 10-70

创作服务平台的直播数据

若单击图10-70所示的"数据总览"，即可查看"基础数据""观看数据""互动数据""收益数据"。每种数据界面的结构是相同的，上半部分均为"昨日关键数据"，而下半部分则为各数据中各个指标在所选日期范围的曲线图。

以"观看数据"为例，当前一天没有直播时，则各个与"观看数据"相关的指标均为0。界面下方的曲线图只会显示所选指标在日期范围内的曲线。比如，选择"观看人次"后，从"2021-10-11"至"2021-10-17"的观看人次数据如图10-71所示。由于在这段时间内，只有"2021-10-16"进行了直播，所以只有那一天是有数据的。

需要强调的是，相对于不同场次的直播数据曲线图，一场直播中不同时间段的数据曲线图对于提高直播质量的意义其实更大一些。而不同场次数据间的对比，可能只在确定直播大方向，比如直播选题或带货直播的商品类别时有作用。

因此，笔者个人认为，创作服务平台的"数据总览"功能依然有很大的提升空间。目前，该部分数据对直播间的指导作用并不明显。

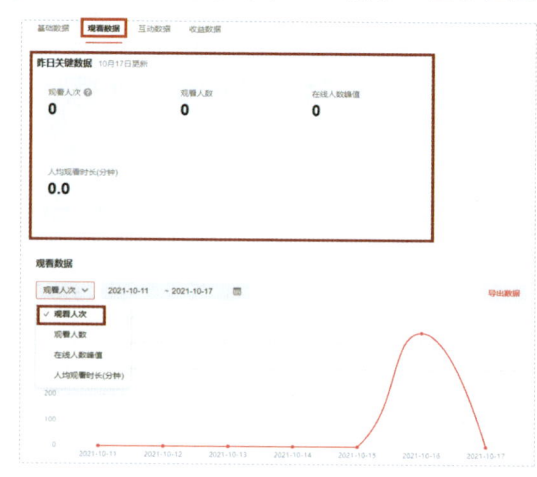

↑ 图 10-71

单击"单场数据"后,可以查看某一场直播中的观看人次、观众人数、在线人数峰值等数据,但无法得到人均停留时长及转粉率这两项关键数据,如图10-72所示。

↑ 图 10-72

单击"查看"后,还可以看到所有流量的分布情况,如图10-73所示。从中可以看到,视频推荐生产的流量对于抖音而言是十分重要的。

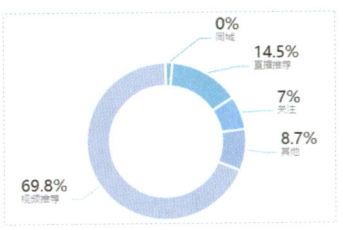
↑ 图 10-73

10.12 在抖音电商罗盘中查看数据

抖音电商罗盘是专门为商家或达人设计的、方便其全面掌握直播和短视频数据的平台。下面介绍在抖音电商罗盘中查看直播数据的方法。

❶ 打开百度,搜索"抖音电商罗盘",单击图10-74所示的链接。

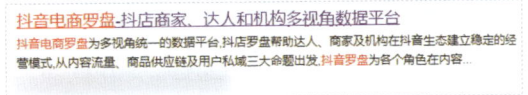
↑ 图 10-74

❷ 选择"商家"或"达人"并登录。如果开通了小店,即可选择"商家",数据会更加全面。这里以商家视角为例进行讲解。登录后单击左侧导航栏"直播"下的"直播列表",如图10-75所示。

❸ 选择直播日期后,单击右侧的"详情",即可查看详细数据,如图10-76所示。

↑ 图 10-75

↑ 图 10-76

10.13 分析抖音电商罗盘中的直播数据

抖音电商罗盘中的数据非常多，如果只是单独看某一类数据，是找不到问题根源的。因此，为了能够系统地分析抖音电商罗盘中的数据，笔者将以流量漏斗为核心，从中找到潜在的问题，再通过具体数据找到出现该问题的原因，让数据分析系统化。

● 认识流量漏斗

进入详细的直播数据页面后，单击"直播间数据分析"板块下的"流量分析"，如图10-77所示，即可看到"流量漏斗"。

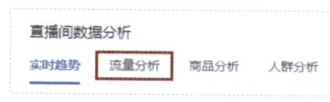

↑ 图10-77

"流量漏斗"是由"直播间曝光人数""进入直播间人数""商品曝光人数"等六大数据组成的，可以直观地展示流量是如何层层沉淀下来直到实现转化的。而每一层转化数据均可以揭露出直播间在相应阶段存在的问题，让数据分析的目的更明确。

因为"流量漏斗"是系统分析直播数据的核心，所以本节会多次提到它，如图10-78所示。

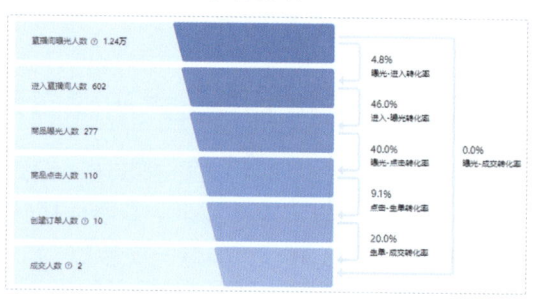

↑ 图10-78

● 从流量漏斗看真正的流量

相信很多人都听过这样的抱怨："抖音给我直播间推送的流量太少了，就十来个人。"这其实反映出了很多人对流量认识的误区。

首先，这句话中的"就十来个人"其实指的是"平均在线人数"，而"流量"是指抖音将该直播间曝光给观众的人数，也就是"流量漏斗"中的"直播间曝光人数"，在该案例中是1.24万人，如图10-78所示。

案例中这样一个曝光人数达1.24万的直播间，其平均在线人数仅为10人，如图10-79所示。这就证明，不是抖音没有给这个直播间流量，而是这个直播间留不住流量，这才是问题的根源。

当然，如果你发现"直播间曝光人数"这一数据确实非常低，则大概率是因为内容违规导致直播间被限流，建议暂时停播，并立即咨询抖音官方客服。

↑ 图10-79

■ 流量漏斗的第一层：曝光 – 进入转化率

流量漏斗之所以非常重要，是因为它明确、直观地展现出了流量的逐层转化。如果有哪层流量的转化率偏低，则证明这一环节存在问题。下面以图 10-78 展示的流量漏斗为例，从第一层的曝光–进入转化率开始分析。

分析数据并找到问题

在图 10-78 所示的这场直播中，直播间曝光人数为 1.24 万，进入直播间人数是 602，该层转化率为 4.8%。一个正常运营的直播间，在该层的转化率，也就是曝光–进入转化率应该达到 30%。所以，4.9% 是一个很不理想的数据。导致这一现象的原因有二，具体如下。

❶ 直播画面不吸引人。抖音绝大多数直播间的曝光方式都是将画面摆在观众面前，也就是观众只要点一下"进入直播间"，就实现了曝光–进入的转化，而这一过程通常不超过 3 秒。那么，能让观众在 3 秒钟内决定是否进入直播间的关键点是什么？显然，直播画面是否美观明显非常重要。

需要强调的是，虽然直播画面不美观会影响曝光–进入转化率，但只要能保证画面干净、整洁，是不会仅有 4.8% 的转化率。因此，对于该案例的直播间，其超低的曝光–进入转化率主要是下面这个原因造成的。

❷ 标签不准确。当一个直播间的标签不准确时，抖音会将直播间曝光给对这类内容根本不感兴趣的观众。而这才是导致曝光–进入转化率极低的关键。为了证明这一点，依次单击界面左侧导航栏的"人群"—"人群画像"，如图 10-80 所示。再将界面上方"人群画像"的"用户类型"设置为"内容触达用户"，如图 10-81 所示，即可看到"人群特征概述"板块和"人群偏好"板块，如图 10-82 所示。

↑ 图 10-80   ↑ 图 10-81

↑ 图 10-82

需要强调的是，该案例数据出自一个做摄影教学内容的账号，商品是摄影教学类课程。正常而言，其内容触达用户的购买偏好更多的应该是教育培训类商品，这样才有利于该账号商品的转化；而内容偏好最好是与摄影相关的，比如"随拍""旅游"等。

但在图10-82中，内容触达用户的购买偏好最多的是"男装"，占比达10.51%，而"教育培训"仅占4.43%。再来看内容偏好，其中对"科技"感兴趣的最多，占比达11.54%，而与摄影相关的"随拍"和"旅游"分别占9.21%和9.34%。因此，该账号的内容大多数都推送给了对"学习摄影"、甚至对"摄影"都不感兴趣的观众。

除此之外，该账号的观众甚至没有一个非常突出的特征，哪怕是占比最高的类目与其他类目也没有拉开差距。以内容偏好为例，有数据统计的5个偏好分别占11.54%、9.34%、9.21%、5.15%和4.42%，而"其他"，也就是没有明确分类的居然占60.34%。根据以上这些数据可以确定，该账号并没有形成与自己的内容、商品一致的标签，这才是导致绝大多数的流量都被浪费的原因。

解决问题的建议

首先，要解决账号标签的问题，最关键就在于提高内容垂直度。例如，某些账号从名字开始就存在不够垂直的问题。比如内容大多数都是摄影教学类的账号，但名字还包括"视频"和"运营"，这是导致垂直度不高的第一个原因。建议修改账号名字，专注于其中一项。

其次，在抖音上，靠短视频打标签要比靠直播容易很多。该账号发布的短视频中，既有摄影技巧教学，也有摄影器材教学及运营教学。其中，摄影器材教学都标注了器材的具体型号，这大大限制了视频的受众范围。因为喜欢摄影的人不少，而限定于使用某一种器材的人却不多，这就导致系统将这些短视频推给喜欢摄影的观众时，观众不用这种器材而导致反馈很差。这时系统可能会判定该账号的内容不适合推给喜欢摄影的观众。

鉴于此，有3点建议。第一点，所发内容尽量垂直，运营类的内容就不要再发布了；第二点，与摄影器材使用相关的教学内容建议不要强调具体型号，而应以品牌替代，并且在内容展现上强调拍摄技巧，而不是器材操作；第三点，为短视频投放带有兴趣标签的DOU+，以解决标签不突出、类目不准确的问题。

■ 流量漏斗的第二层：进入-曝光（商品）转化率

分析数据并找到问题

在如图10-78所示的数据中，第二层的进入-曝光（商品）转化率达到了46.0%。这一数据属于正常范围，证明进入直播间的大多数观众都是对摄影感兴趣的，产生了停留，所以能够看到商品展示，也就是实现了所谓的商品曝光（在直播间看到商品卡弹出即算作商品曝光）。

人均观看时长可以在"整体看板"下的"互动"中查看，如图10-83所示，可以看到该账号的人均观看时长达到了1分23秒，所以有46.0%的进入-曝光（商品）转化率就很好理解了。

↑ 图10-83

但如果该层转化率在10%以下，则证明进入的观众几乎没有产生有效停留（停留时长达到10秒为有效停留），对该直播间的内容不感兴趣；或者在直播过程中，主播亮出商品卡的频率太低了，导致观众在停留期间没有看到商品卡。

解决问题的建议

如果是因为商品卡出现次数太少而导致进入-曝光（商品）转化率低，那么主播只需注意讲几句话就点一下商品旁的"讲解"，提高亮出商品卡的频率即可。

如果是因为观众没有产生有效停留，则需要注意以下两点。

❶ 流量来源出现问题。正常的流量来源中，自然推荐-feed（也就是根据账号标签推荐给观众的流量）和短视频引流应该占主要部分。而当直播广场流量和其他流量过多时，就会出现曝光-进入转化率很高，但进入-曝光（商品）转化率较低的情况。

造成这种情况的原因主要是该账号是通过红包或者福袋等福利活动起号的，所以吸引来的观众大多数是为抢福利而来。一看没有福利可抢，观众就会迅速离开直播间，导致没有有效停留。

对此，建议大幅减少福利活动所占的直播时间。另外，短视频内容的质量也要提高，以解决观众问题为出发点进行内容创作。

对于流量来源，大家可以在流量漏斗上方的"流量来源"进行查看，如图10-84所示。

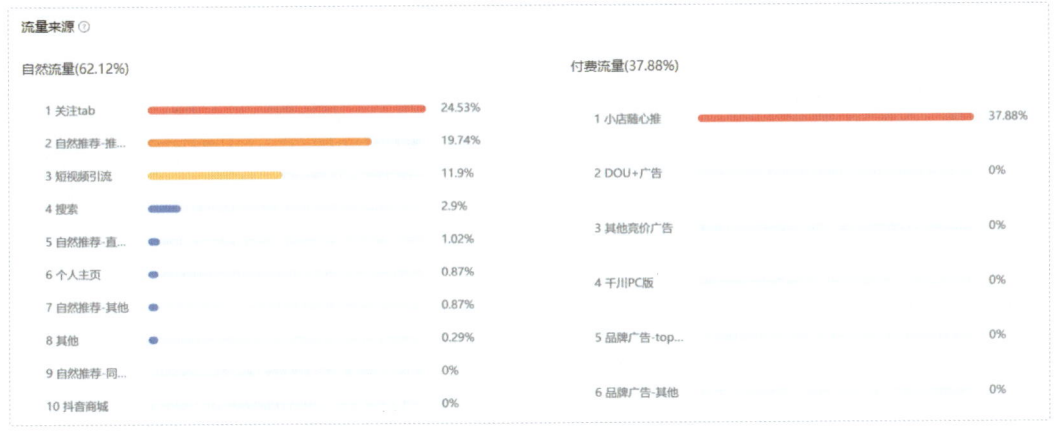

↑ 图10-84

❷ 内容没有抓住观众的痛点。进入直播间的观众很多，但一听内容就马上走了，很有可能是因为内容没有抓住观众的痛点，解决不了观众的问题。对此，建议调整内容方向，并增加干货，不要总是在直播间里讲一些缺乏营养、无法解决实际问题的内容。

■ 流量漏斗的第三层：曝光（商品）－点击转化率

分析数据并找到问题

在图10-78所示的数据中，第三层的曝光（商品）－点击转化率为400%。这一数据是比较好的，说明观众对商品很感兴趣。

如果这一转化率较低，则证明观众对商品不感兴趣，或者是商品的封面图不佳，导致观众不想点开商品页面进行仔细查看。

解决问题的建议

如果是观众对商品不感兴趣导致曝光（商品）－点击转化率较低，建议针对以下3点进行改进。

❶ 重新考虑选品和组品。尽量选择直播间垂直分类下销售火爆的商品，并尝试进行组品，让每一件商品的存在都有明确的价值。关于选品和组品的具体方法，可参考本书第10.8节的内容。

❷ 更换封面图。如果自己拍不出好看的封面图，可以找专业的摄影工作室进行拍摄。

❸ 考虑商品与直播内容的相关性。如果是直接推荐商品的直播，就不存在这一问题。如果是科普类的，或者是干货分享类的直播，就要考虑直播内容与商品的联系是否紧密。如果两者之间没什么关系，也会导致该层转化率不高。

■ 流量漏斗的第四层：点击－生单转化率

分析数据并找到问题

在图10-78所示的数据中，第四层的点击－生单转化率为9.1%，表现也是正常的。如果此数据过低，则证明观众对商品很感兴趣，但是心中仍然存有一定的疑虑；或者是因为不太能接受商品价格，最终没有下单。

解决问题的建议

如果是因为观众心中仍有疑虑而未下单，建议从以下两点来解决问题。

❶ 在直播结束后与观众进行沟通，询问直播过程中哪些方面做得不够好，从而不断改进直播质量，让观众更信任主播。

❷ 在直播过程中主动说出观众有可能会产生疑虑的点，尽可能打消其疑虑。

如果是因为不能接受商品的价格，那么可以降低价格，或者尝试上一些价格较低的商品，提供小规格的商品也是不错的方法。

■ 流量漏斗的第五层：生单－成交转化率

分析数据并找到问题

在图10-78所示的数据中，第五层的生单－成交转化率为20.0%，该数据明显偏低。一般来说，生单－成交转化率应在80%左右。因为在观众成功下单后，就意味着已经决定购买了。在决定购买的情况下，付款这个行为其实是水到渠成的。

既然该账号的数据显示存在生单－成交转化率低的情况，那就意味着一定是哪里出了问题。根据笔者的经验，通常有以下3种情况会导致生单－成交转化率偏低。

情况1：观众的年龄偏大，他们在首次购买时不知道该如何付款。

情况2：观众在下订单后发现最终价格与主播在直播过程中宣传的不符，所以不愿付款。

情况3：观众下订单的目的是"收藏商品"，怕想买的时候找不到这个直播间，暂时没有决定购买。

对于第1种情况，我们可以通过数据进行辅助判断，依次单击页面左侧导航栏中的"人群"－"人群画像"，如图10-85所示。再将界面上方"人群画像"的"用户类型"设置为"首购用户"，如图10-86所示，即可看到"年龄分布"板块，如图10-87所示。

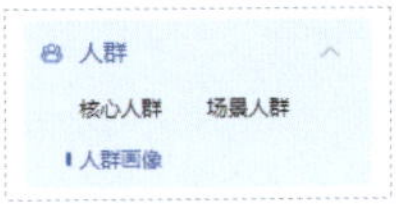

在图10-87中，50岁以上人群占11.21%，没有明确年龄的"其他"占10.28%，证明高龄购买人群数量并不多，所以即便在该直播间有情况1发生，但它不是造成生单－成交转化率低的主要原因。

由此可以判断出，主要原因为情况2和情况3。

↑ 图10-85

↑ 图10-86

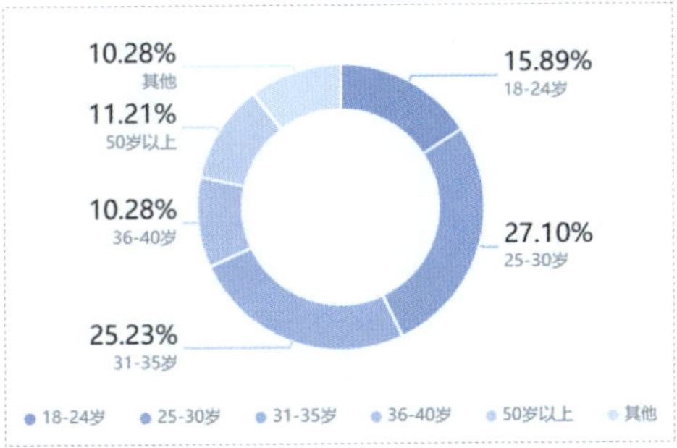

↑ 图10-87

解决问题的建议

如果主要原因为情况1，那么建议主播在直播时，让不知道如何付款的观众私信自己，然后由客服解决该问题。

如果主要原因为情况2，则建议主播在介绍商品时表达清楚，让观众清楚地知道现在介绍的是几号链接的商品，以及价格是多少。如果有一些好评返现类活动，主播则要强调具体的返现方法，以免观众对价格产生疑惑。

如果主要原因为情况3，则建议主播尝试使用憋单话术，让观众产生紧迫感。比如强调还剩最后多少件，或者利用包邮福利吸引观众尽快付款。

第11章

流量变现，
从单一到多元

11.1 短视频常见的10种变现方式

■ 流量变现

流量变现是最基本的变现方式,创作者把视频发布到一个平台上,平台就会根据视频的播放量给予相应的收益。目前大多数搞笑类及影视解说类账号的创作者均以此为主要收入来源。

■ 电商带货变现

视频带货是普通人在抖音中较容易实现变现的方式之一。只要持续拍摄带货视频,就能在抖音上通过赚取佣金的方式收获第一桶金。

■ 抖店变现

有自己商品的商家通过开通抖店,并将商品加入精选联盟,即可邀请达人带货,从而快速打开商品销路。

■ 全民任务变现

全民任务是一种门槛非常低的变现方式,创作者即使粉丝较少,也可以通过指定入口参与任务。发布满足任务要求的视频后,即可根据流量结算任务奖励。

■ 直播变现

直播带货是比短视频带货更有效的一种变现方式,目前,许多达人依靠直播获得了较高收益。此外,创作者还可以依靠直播打赏进行变现,采用此种变现方式的主要是才艺类主播。

■ 巨量星图任务变现

巨量星图是抖音官方为便于商家寻找合适的达人进行商务合作而打造的平台。所谓"商务合作",其实就是商家找到创作者并为其指派广告任务,当宣传内容和效果达到要求后,商家就会向创作者支付报酬。

■ 参与游戏发行人计划变现

游戏发行人计划是抖音官方开发的游戏内容营销聚合平台。游戏厂商通过该平台发布游戏推广任务,创作者按要求接单创作视频。游戏厂商根据点击视频左下角的链接进入游戏或下载游戏的观众数量,为创作者结算奖励。

● 小程序推广变现

小程序推广变现与参与游戏发行人计划变现非常相似，区别仅在于前者推广的是小程序，而后者推广的是游戏。因为推广的目标不同，所以创作者在制作视频时，需要考虑的要素也有一定区别。创作者可以在抖音中搜索"小程序推广"，找到对应的计划专题。

● 参与拍车赚钱计划变现

拍车赚钱计划是懂车帝联合抖音官方建立的汽车达人现金奖励平台。创作者制作指定车款的视频并通过任务入口发布后，平台就会根据其播放量、互动率、内容质量等多项指标综合计算收益。

● "团购达人" 变现

加入"团购达人"是探店号变现的主要途径，其创作者通过深挖某一城市街头巷尾的店铺，寻找好吃、好玩的地方，在吸引同城观众的同时通过销售团购优惠券变现。

11.2 探店号变现

● 探店号变现的方式

探店号发布的主要内容是介绍本地的吃喝玩乐场所，如图11-1所示，通过接当地商家的广告任务及销售团购优惠券获得收益。

虽然看起来探店号的内容仅限于本地，似乎有所局限，但只要创作者所在的城市有丰富的商业资源，订单其实是源源不断的。

创作者只需要在视频中介绍商家指定的内容，就可以凭借流量，为商家带来源源不断的线下客流，因此从本质上说这其实就是传统广告的短视频升级版。

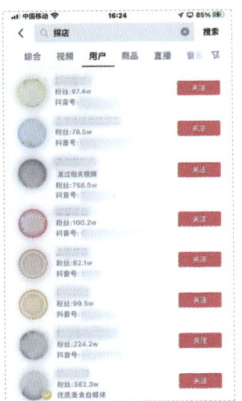

↑ 图 11-1

● 同城流量支持

探店号属于同城号中的一种，自带同城流量。因为对于所有添加了"店铺位置"的视频，抖音都会将其向该位置周围的抖音用户进行推送。

相比于泛流量，同城流量的优势在于，即便是新号也几乎不会出现无效流量（无效流量是指将视频推送给与该内容完全无关的观众所产生的流量）。

因为只要是同城看到该视频的观众，最起码就知道了自己所在的城市有这么个场所，这多少起到了宣传的作用。

也正因如此，探店号的视频往往无需粉丝积累，其早期发布的视频就很有可能出现爆款。

图11-2所示的探店视频就得到了3.8万的点赞和2353条评论。

↑ 图 11-2

● 探店号的内容创作思路

探店号的内容创作思路可以归为5种，具体如下。

记录探店过程

最常见的探店视频创作思路就是将整个探店过程记录下来，然后通过后期剪辑，将整个过程浓缩为一段几十秒的短视频。在视频中可以加入自己在探店时的感受，比如哪个菜品最合自己胃口，哪个项目玩得最高兴等，进一步增加视频的价值。

另外，注意不能纯粹夸赞，要加入一些"评鉴"的内容，不但要说好在哪里，还可以说一下不尽如人意的地方，这样更显真诚，更能让观众相信你的推荐是真心的。

拍摄店铺背后的故事

对于一些老字号店铺，创作者可以尝试挖掘店铺背后的故事，甚至可以找到店主聊一聊店铺的历史，或者与店铺的员工聊一聊他们生活中的酸甜苦辣，使视频的内容更有温度，也更容易打动人。故事的呈现方式，可以是创作者自己边走边说，也可以采用访谈的形式，和店铺人员进行面对面的交流。

让探店也有剧情

在探店的过程中加入剧情，虽然势必会减少对店铺情况的介绍，但能够让视频更有趣，并增加吸引观众的兴趣点。同时，如果观众在看剧情时无意发现了作为背景的店铺，反而会让宣传更有效。

通过抖音图文表现探店内容

抖音正在大力推广的抖音图文其实也适合创作探店内容。创作者只需要实地拍摄一些照片，然后配上一小段文字，就可以制作出一个探店视频并发布。这种方式的成本较低，所以也导致这类视频很容易被模仿。因此创作者需要在短时间内发布大量此种类型的视频，通过数量，争取获得爆款，进而成功变现。

藏宝探店

藏宝是一类比较特殊的探店视频形式。创作者通过视频告诉观众，将会在某个地方藏匿有一定价值的物品，将同城观众吸引到指定的地方。

在抖音中以"藏宝"作为关键词进行搜索，可以找到许多相关账号，如图11-3所示。

这样的账号除了可以宣传同城商家外，还可以通过介绍藏匿的物品宣传商品，如图11-4所示，所以其变现的途径更多一些。

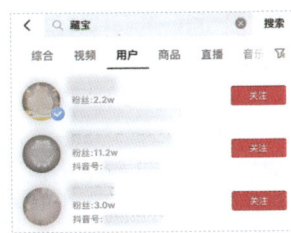

↑ 图 11-3

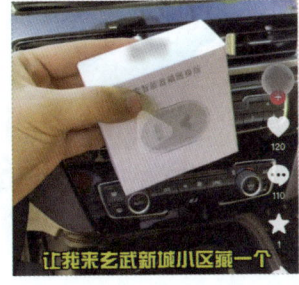

↑ 图 11-4

11.3 开通"团购达人"赚取佣金

开通"团购达人"赚取佣金其实是视频带货的形式之一，但因为其所带货品只能是门店的服务，在实操上与探店号变现更相似。

■ 认识"团购达人"

在抖音没有"团购达人"的时候，探店号几乎只能靠广告费获得收入。而"团购达人"权限让创作者不但可以赚取广告费，还可以根据卖出门店的套餐或各种券的数量获得佣金。

举个例子，创作者接到一个报酬是6000元的某餐厅的广告任务。那么在创作者并开通"团购达人"的情况下，观众点击视频左下角的"地址"并购买如图11-5所示的餐券并到店使用这张餐券后，平台就会根据商家设置的佣金，返现给发布这条短视频的创作者让其既赚广告费，又赚佣金。

一旦出现爆款视频，在商家提供的高性价比餐券足够多的情况下，创作者获得的佣金收益可能比广告收益还要高。

↑ 图 11-5

开通"团购达人"的方法

❶ 打开抖音搜索"团购达人",点击界面上方的卡片,如图11-6所示。

❷ 在满足粉丝数≥1000条件的情况下,点击"申请团购带货",如图11-7所示。

❸ 出现图11-8所示界面即表示开通成功。

↑ 图11-6

↑ 图11-7

↑ 图11-8

发布团购视频的方法

与拍摄探店视频可自选商家不同,如果要赚取团购佣金,创作者需要在抖音指定的商家里进行选择,方法如下。

❶ 在抖音中点击"我"—界面右上角的三条杠图标—"创作者服务中心"—"全部分类"—"团购带货",进入图11-9所示的界面。

❷ 点击"探店赚佣金"右侧的小箭头,进入图11-10所示的界面。在此可以按总销量、自己擅长拍摄的视频类型等条件选择商家。

❸ 选择商家时,一定要点开团购优惠列表,查看具体优惠金额,例如图11-11所示为笔者选择的某餐厅的优惠信息界面,其中有一个低至4.8折的双人餐优惠,因此该商家值得选择。

❹ 选好商家后,即可开始创作视频。在手机端发布视频时,点击"添加位置/门店推广",如图11-12所示。

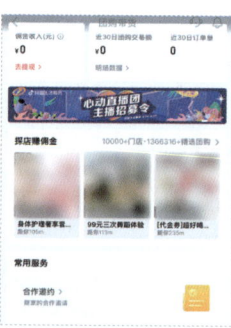
↑ 图11-9

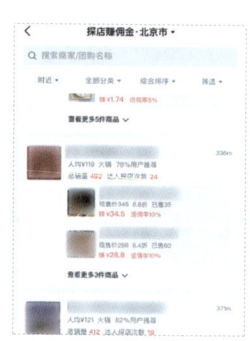
↑ 图11-10

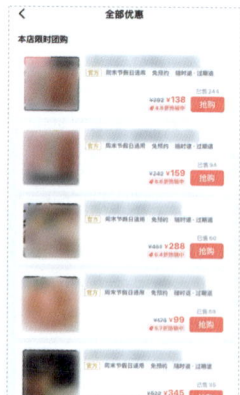
↑ 图11-11

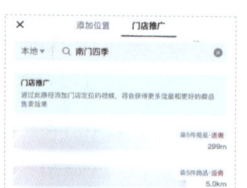
↑ 图11-12

❺ 在添加位置及门店的页面，选择前几步操作中找好的商家，如图 11-12 的下图所示。

按上述步骤操作后，发布的视频中，地址后面会显示"限时团购"字样，如图 11-13 所示。

观众点击此地址就会看到该商家提供的团购优惠，如图 11-14 所示。

↑ 图 11-13

↑ 图 11-14

11.4 通过"巨量星图"变现

■ "巨量星图"是什么

"巨量星图"是抖音官方为便于商家寻找合适的达人进行商务合作而提供的平台，商务合作的方式可以是发布广告，也可以是运营账号或制作视频。当创作者在抖音、今日头条或西瓜视频平台上有一定量的粉丝后，即可入驻"巨量星图"平台（以下简称星图平台）。

■ 入驻门槛

如前所述，创作者在字节系各个媒体平台上的粉丝数达到一定量级时，就可以入驻星图平台，但不同平台对于粉丝数量级的要求不一样。

例如，对于抖音创作者，要求其账号粉丝量不低于 1000；对于今日头条及西瓜视频创作者，要求粉丝量（今日头条和西瓜视频粉丝量之和）不低于 1 万；而如果是抖音火山版创作者，则要求粉丝量不低于 5 万。

由于星图平台的任务大多指定抖音创作者，因此下面所讲述的内容都以抖音为例。

■ 入驻方法

❶ 在电脑上用百度搜索"巨量星图"，单击带有"官方"标志的链接，如图 11-15 所示。
❷ 单击网站右上角的登录按钮，单击"达人/创作者"，如图 11-16 所示。

↑ 图 11-15

↑ 图 11-16

❸ 选择媒体平台，如图 11-17 所示，并通过所选媒体平台的账号登录。如果账号达到入驻星图平台的要求，即可进入星图平台的后台，如图 11-18 所示。

↑ 图 11-17

↑ 图 11-18

● 开通任务领取权限的方法

入驻星图平台后，不代表就能接取任务。如前所述，每种任务有不同的承接门槛，而且达到门槛后，创作者还需手动开通任务承接资格。

绑定媒体账号

无论想要承接哪种任务，首先要做的就是绑定媒体账号。进入星图平台后，单击界面上方的"绑定媒体账号"，如图 11-19 所示，随后选择绑定抖音账号即可，如图 11-20 所示。当然，如果希望承接其他平台的任务，也可绑定其他平台的账号。但由于本书是讲解抖音变现方法，所以不在此处对其他平台进行详细讲解。

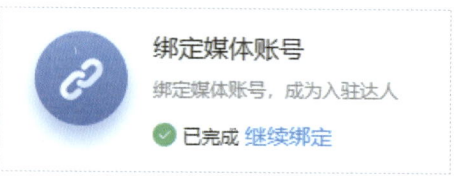
↑ 图 11-19

↑ 图 11-20

开通短视频类任务权限

❶ 进入星图平台，单击左侧导航栏"服务管理"分类下的"抖音服务管理"，如图 11-21 所示。

❷ 单击界面上方的"短视频服务"，如图 11-22 所示。

↑ 图 11-21　　　　　　　　↑ 图 11-22

❸ 在界面下方，即可开通两种短视频类任务权限，分别为"抖音短视频投稿任务"和"抖音传播任务"，如图 11-23 所示。单击"申请开通"（"抖音短视频投稿任务"处于已开通状态），在满足界面中所显示的开通条件的情况下，按要求提供相关信息即可。

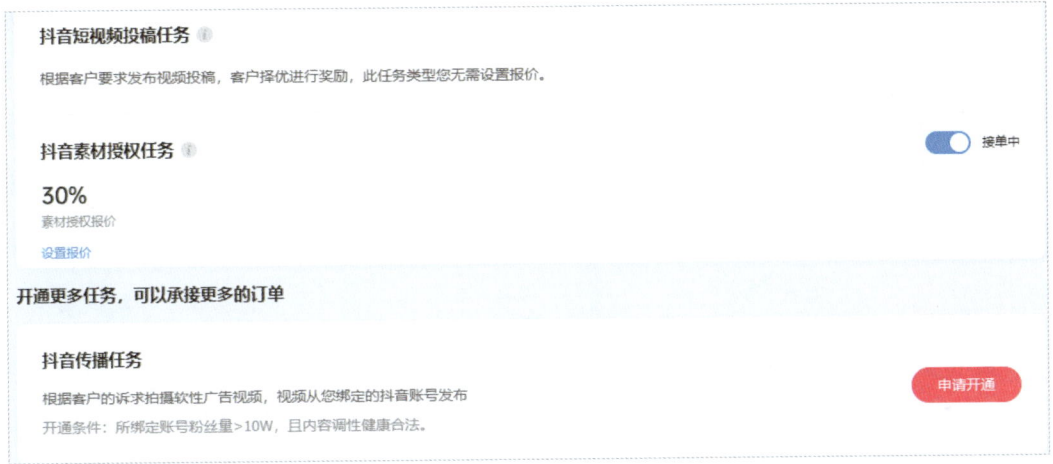

↑ 图 11-23

开通直播类任务权限

❶ 进入星图平台，单击图 11-21 所示的"抖音服务管理"后，单击界面上方的"直播服务"，如图 11-24 所示。

❷ 在界面下方，即可开通两种直播类任务，分别为"直播电商带货任务"和"直播品牌推广任务"，如图 11-25 所示。单击"申请开通"（"直播电商带货任务"处于已开通状态），在满足相应条件的情况下，按要求提供相关信息即可。

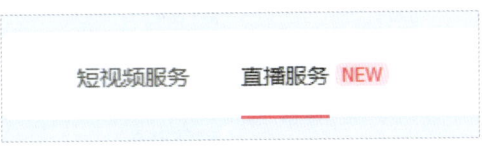

↑ 图 11-24

↑ 图 11-25

开通即合素材任务权限

❶ 进入星图平台，单击左上角的"达人营销"，并在下拉菜单中选择"创意定制"，如图 11-26 所示。

❷ 单击界面上方的"我的即合"，并在左侧导航栏中单击"服务管理"分类下的"即合服务管理"，如图 11-27 所示。

❸ 在右侧界面中单击"申请开通"，如图 11-28 所示，并按要求补充信息即可。

↑ 图 11-26　　　　　　　　　　↑ 图 11-27

↑ 图 11-28

11.5 加入"中视频伙伴计划"变现

"中视频伙伴计划"是由西瓜视频发起的。创作者加入后可以将一条时长大于1分钟、横屏拍摄的视频同时分发到抖音、今日头条和西瓜视频,从而简化操作,并享受3个平台的播放流量分成。该计划虽然由西瓜视频发起,但是创作者在抖音中参与该计划,并通过指定方式发布视频后,同样可以实现内容自动同步到今日头条和西瓜视频,并赚取相应的流量收益。

■ 理解短视频、中视频和长视频的区别

从视频时长进行分析

虽然国内的短视频平台对于短视频时长的限制大多为15秒~15分钟,但事实上,从观看的感受来判定,1分钟以内的视频更适合称为"短视频"。

中视频的时长虽然一直没有明确定义,但西瓜视频的总裁任利锋认为中视频的时长应为1~30分钟。考虑到1分钟以内的为短视频,那么中视频自然要求在1分钟以上,同时30分钟的视频又比电视剧或者电影这种传统的长视频要短,所以人们目前对时长为1~30分钟的视频为中视频的说法是普遍认同的。

最后则是长视频,其在时长上的限定自然就是30分钟以上了。

从表现形式分析

绝大多数短视频以竖屏为主,这更符合观众看短视频的习惯,如图11-29所示。而中视频和长视频则因为时间较长,并且在电视和电脑上播放的情况相对更多,所以更适合以横屏进行展示。

从内容进行分析

由于大部分短视频的特点是内容简单、节奏快,所以其内容以搞笑、娱乐、生活为主。

而中视频由于内容量更大,可以完整阐述创作者的想法、观点,所以多为科普、知识性内容,同时视频的内容质量、制作时间和专业要求相对于短视频来说更高。

↑ 图11-29

长视频的内容则多为节目、影视剧等。对比上述两类视频,它的内容以剧情为主,有完整的故事主线、质量更好、制作时间更长,专业性要求也是最高的。

从生产者角度进行分析

大部分短视频都是由创作者一人制作的，制作花费的时间较短、成本较低。长视频的生产者则更多是专业的机构，内容质量更高，制作所用的时间和成本都要远高于短视频。而中视频介于二者之间，部分中视频由团队制作，但其制作难度与长视频相比还是要低不少。但相比于短视频，中视频创作者的专业水平更高，这样才能将内容讲得清楚、透彻。

■ 加入"中视频伙伴计划"的操作方法

"中视频伙伴计划"需要手动申请加入，具体操作方法如下。

❶ 进入抖音，搜索"中视频伙伴计划"，点击界面上方的卡片，如图11-30所示。

❷ 点击界面下方的"立即加入"，如图11-31所示。

❸ 绑定与抖音一同加入计划的西瓜视频账号，点击界面下方的"一键绑定"，如图11-32所示。当在已登录的抖音账号上发布中视频后，系统将自动将该视频同步到已绑定的西瓜视频账号上。

❹ 输入创建西瓜视频账号时的手机号，填写验证码后，点击"授权并登录"，如图11-33所示。

❺ 此时即完成加入"中视频伙伴计划"的申请，但要想正式加入该计划，需满足以下两个要求，如图11-34所示。

■ 发布过至少3个原创横屏视频。

■ 视频累计播放量达到17000，如图11-34所示。

需要注意的是，只有通过此步骤加入"中视频伙伴计划"后发布的中视频才能享受流量收益。

↑ 图11-30

↑ 图11-31

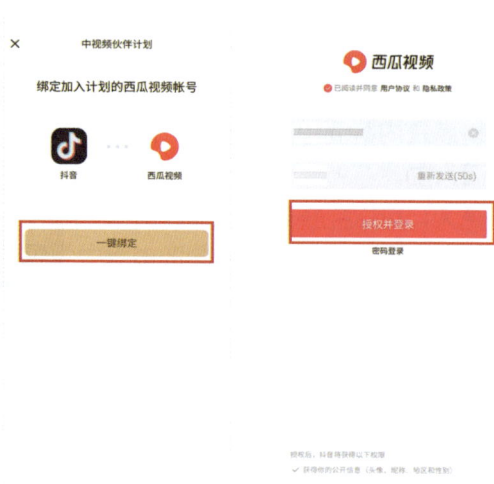

↑ 图11-32   ↑ 图11-33

↑ 图11-34

11.6 加入"游戏发行人计划"变现

"游戏发行人计划"是抖音官方开发的游戏内容营销聚合平台,游戏厂商通过该平台发布游戏推广任务,创作者按要求接单创作游戏宣传视频,平台根据点击视频左下角进入游戏或下载游戏的观众数量,为创作者结算奖励,从而完成变现。

■ "游戏发行人计划"入口

"游戏发行人计划"是一种零门槛变现渠道。

进入抖音,搜索"游戏发行人计划",点击小程序卡片即可进入相应界面,如图11-35所示。

在该界面即可选择感兴趣的游戏进行视频制作,如图11-36所示。

↑ 图 11-35

↑ 图 11-36

■ 筛选感兴趣的游戏

想要更快速地找到理想的游戏并进行推广,创作者可以通过"综合排序""全部游戏""筛选"这3个选项进行查找,轻松找到很多适合做视频进行推广的游戏。

点击界面下方的"任务"后,即可在界面上方找到上述3个选项。分别点击后的界面如图11-37~图11-39所示。

↑ 图 11-37

↑ 图 11-38

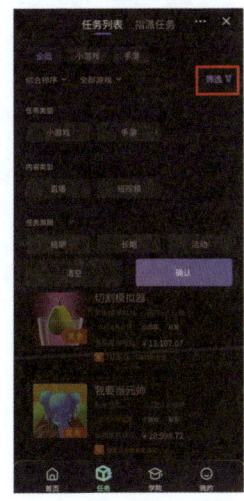
↑ 图 11-39

发布"游戏发行人计划"视频的方法

虽然参与"游戏发行人计划"本质上是发布包含游戏链接的短视频，但如果创作者不是通过"游戏任务"下的链接发布视频，则平台无法正常为其计算收益，因此创作者务必按照以下方式进行视频发布。

❶ 进入"游戏发行人计划"界面后点击某游戏链接，即可查看任务说明，如图11-40所示。

❷ 按要求制作视频后，再次进入该游戏推广界面，点击图11-40界面下方的"上传视频完成任务"。

❸ 从手机相册中选择已经按要求制作好的视频，此时该视频会自带游戏链接及游戏话题，输入标题后，点击界面下方"发布"即可，如图11-41所示。

↑ 图 11-40

↑ 图 11-41

查看参加游戏发行人计划的收益

参加"游戏发行人计划"并发布视频后，创作者可以按以下步骤查看收益。

❶ 进入"创作者服务中心"，点击"全部分类"，如图11-42所示。

❷ 点击"内容变现"分类下的"任务中心"，如图11-43所示。

❸ 点击"我的任务"，如图11-44所示。值得一提的是，在该界面即可将完成任务获得的现金提现。

❹ 点击希望查看收益的游戏任务，如图11-45所示。

❺ 可以看到为该游戏发布推广视频获得的收益11.31元，如图11-46所示。

↑ 图 11-42

↑ 图 11-43

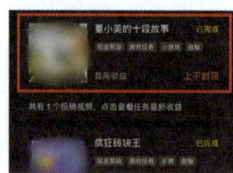
↑ 图 11-44

↑ 图 11-45   ↑ 图 11-46

11.7 加入"拍车赚钱计划"变现

● 什么是"拍车赚钱计划"

"拍车赚钱计划"是懂车帝联合抖音官方发起的汽车达人现金奖励项目。创作者拍摄指定车款的视频并通过任务入口发布后,平台会根据播放量、互动率、内容质量等多项指标综合计算收益。此变现方式对于制作汽车相关内容的创作者而言非常适合。

● 0粉账号能参与"拍车赚钱计划"吗

在抖音确实有一些0粉账号也能参与的变现任务,而"拍车赚钱计划"就是其中之一。

但0粉账号能参与,并不意味着0粉账号能赚钱。抖音所有的变现方式都建立在流量的基础上,而粉丝恰恰是流量的重要来源之一。足够多的粉丝尽管不能保证让创作者的视频个个都成为爆款,但最起码每个视频都能有一定的播放量作为保证,所以变现就会容易很多。

虽然由于运气的成分,0粉账号发布的视频也有可能成为爆款,但概率太低,因此,0粉账号参与"拍车赚钱计划"很难赚钱。但只要坚持制作与汽车相关的视频,积累粉丝,提高账号垂直度,在一到两个月内变现基本上是不成问题的。

● 参与"拍车赚钱计划"的收益如何

参与"拍车赚钱计划"的收益可以在收益排行榜查看。

图11-47和图11-48分别展示了两个月份的收益排行榜,根据这些数据,我们可以肯定的是,参与拍车赚钱计划不能让创作者一夜暴富。

虽然,2022年2月第一名的收益达到了118000元,看起来很不错,其实该创作者在其他月份收益并不高,比如在2021年12月收益仅7599元。

所以,将参与"拍车赚钱计划"作为一个补充还是不错的。

同时,想靠几个视频就从该计划获得不错的收益是不现实的,例如图中上榜创作者的投稿次数都不少,可见他们都坚持长期参与该计划。

↑ 图11-47

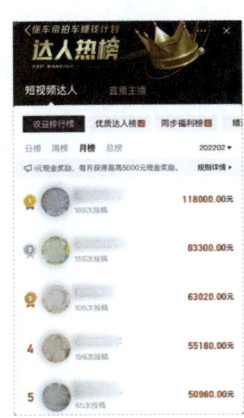
↑ 图11-48

"拍车赚钱计划"的参与方法

"拍车赚钱计划"是一种零门槛的变现渠道，创作者即使是使用新号，也可以参与该计划，具体操作方法如下。

❶ 进入抖音，搜索"拍车赚钱计划"，点击界面上方的对应内容进入相应界面，如图11-49所示。

❷ 简单阅读一下内容，对"拍车赚钱计划"有基本了解，并点击右下角的"参与计划"，如图11-50所示。

❸ 在任务广场选择任务，其实就是确定视频中介绍的车型，如图11-51所示。

↑ 图11-49

↑ 图11-50

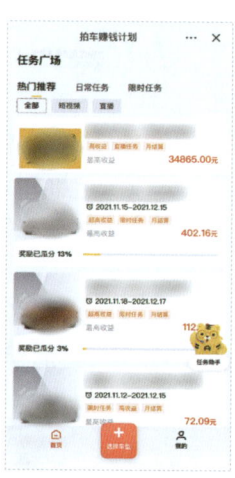
↑ 图11-51

❹ 仔细阅读视频内容及发布规则，准备好视频后，点击"上传视频开始赚钱"，如图11-52所示。

↑ 图11-52

❸ 查看"任务玩法"中的制作要求，并点击"精选视频"，观摩学习其中的视频，拓展思路，最后点击下方的"立即参与"，如图11-58所示。

↑ 图 11-56

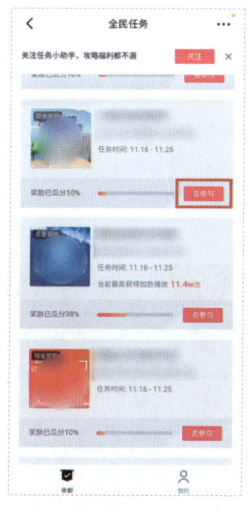
↑ 图 11-57

↑ 图 11-58

❺ 点击右下角的"相册",如图 11-53 所示。

❻ 从相册中选择制作好的视频,点击右下角的"下一步"。

❼ 如果视频没有需要修改的地方,在图 11-54 所示的界面点击"下一步"即可。

❽ 进入发布界面后,不要删除在标题栏自动出现的话题,否则收益无法正常结算。建议再添加几个流量较高的话题,当然,话题要与视频内容相关。因为在步骤 3 中选择的是极狐阿尔法 S,这款车的智能驾驶部分使用的是华为的技术,并且系统也用的是鸿蒙系统,所以在话题中添加了"华为"。接下来点击界面下方"发布"即可,如图 11-55 所示。

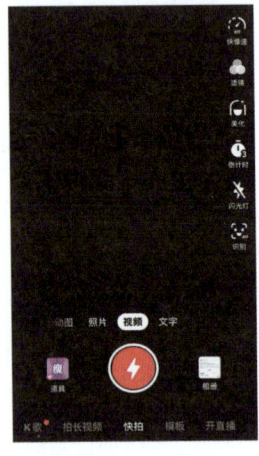
↑ 图 11-53

↑ 图 11-54

↑ 图 11-55

11.8 通过"全民任务"变现

■ "全民任务"是什么

"全民任务"是一种零门槛的变现渠道,哪怕是新建的账号,也可以参与完成"全民任务"。但至于能否成功变现,则要看视频的播放量、点赞量、评论量等数据的表现。

■ "全民任务"的接取方法

"全民任务"的接取方法具体如下。

❶ 打开抖音,搜索"全民任务",点击上方的"全民任务"卡片进入相应界面,如图 11-56 所示。

❷ 选择感兴趣的任务,点击"去参与",如图 11-57 所示。